Zur Autorin

Melitta Kessaris, geb. Manowarda, ist Österreicherin und wuchs in Wien auf. Ihre Vorfahren kamen in der Zeit des Spätbarock aus Griechenland, was vielleicht ihr Interesse für die klassisch-hellenische Kultur schon während ihrer Zeit am Gymnasium erklärt. Nach einer turbulenten Schulzeit arbeitete sie in einem multinationalen Konzern. 1973 heiratete sie einen griechischen Augenarzt und lebt seitdem in Athen. Sie hat einen Sohn und eine Tochter, arbeitet in der Arztpraxis mit und ist in verschiedenen Vereinen und Initiativen gesellschaftlich und sozial engagiert.

Sie finden Näheres über die Autorin auf deren Internetseiten: http://www.geocities.com/melittakessaris/

Melitta Kessaris

Chaos
ist ein griechisches Wort

Heilige und unheilige Geschichten
aus dem Land der Götter

Bibliographische Information der Deutschen Bibliothek
Die Deutsche Bibliothek verzeichnet diese Publikation in der Deutschen Nationalbibliographie; detaillierte bibliographische Daten sind im Internet über http://dnb.ddb.de abrufbar.

Rolf Thum - Larimar Verlag, Kirchenstr. 5, 68766 Hockenheim
Illustrationen: Christine Thum
6. unveränderter Nachdruck, 2009: Druckerei Fortmann, Speyer

ISBN: 978-3-931569-23-5

Inhalt

Passverlängerung 7

Parthenon 13

Abschied der Götter 18

Chaos mit System - oder warum Autofahren in Griechenland etwas Besonderes ist. 23

Odyssee 2000 27

Kaliméra! - Der griechische Tag 40

Kalí Anástasi! - Das griechische Jahr I 42

Wissenschaftliche Methode 47

Chrónia pollá! - Das griechische Jahr II 49

Urlaubspläne 52

Der schwarze Rabe 55

"Kannst du Englisch?" 61

Chará 67

Hochzeit in Ano Anogia 87

Noch eine schwierige Hochzeit 93

Tränenreicher Hochzeitstag 98

Gleichberechtigung 104

Die Patenschaft 109

Filoxenía - Gastfreundschaft 120

Die Patenschaft - 15 Jahre später 125

Chaos mit System - nochmals der griechische Straßenverkehr 130

Akropolis 133

Der eigene Wein 136

Winterträume 145

Anmerkungen; Hinweise auf solche stehen in runden Klammern im Text 147

Zur Schreibweise griechischer Wörter: Auf griechische Buchstaben wurde verzichtet. Um die Betonung der griechischen Ausdrücke wiederzugeben, wurden auf die betonten Vokale Akzente gesetzt (z.B. filoxenía, die Betonung liegt auf dem letzten I, oder Chará, hier liegt die Betonung auf dem zweiten A)

Zuerst entstand das ***Chaos***, das gähnende Nichts, später die Erde, Gäa. Und aus dem Chaos entstanden seine Kinder, Nyx und Erebos, Nacht und Dunkel. Aus der Verbindung dieser, die beide lichtlos sind, entstammen als beider Gegenteil, Hemera und Äther, Tag und Lichtfülle. Mit Gäa aber war auch Eros dem Nichts entstiegen. So geschah es, dass der Erde Leib zu zittern und kreißen begann.

Hesiod, Theogonie, um 700 v. Chr.

Passverlängerung
oder: Ein (fast) ganz gewöhnlicher Behördengang in Athen

"Ich bin doch kein Vollidiot! Natürlich kann ich das alleine erledigen!"

Seine Frau blickte ihn zweifelnd an: "Na, ein Vollidiot bist du vielleicht nicht, aber naiv. Seit wann glaubst du, was in der Zeitung steht?"

"Tu nicht so, als wenn es ums Paradies auf Erden ginge! Sie haben uns nicht mehr und nicht weniger versprochen, als das, was ganz selbstverständlich ist: Formular ausfüllen, abgeben - und in drei Tagen ist der Pass fertig. Basta!"

"Das schau ich mir an, da geh ich mit", grinste seine Lebensgefährtin.

Das machte ihn erst recht wütend! Warum hatte er sich unter Milliarden Frauen diese maliziöse Person ausgesucht?

"Ich kann schreiben und lesen, habe Gymnasium und Universität absolviert", schimpfte er. "Da kannst du mir wohl zutrauen, ein Formular auszufüllen!"

Seine Frau hörte nicht auf zu grinsen: "Natürlich kannst du das. Jeder Trottel kann ein Formular ausfüllen. Doch darum geht es nicht. Das Formular ist bestimmt nicht das Hindernis."

Er beschloss, ein bisschen beleidigt zu sein und plante, den längst fälligen Behördengang am nächsten Montag zu erledigen. Spätestens am Donnerstag würde dann sein Pass fertig sein. Es ging ja schließlich nur um eine ganz einfache Verlängerung. So unfähig, wie sie oft hingestellt wurden, waren die griechischen Behörden nun gewiss nicht!

Weil der gute Mann zwar ein Optimist, aber - wie er schon deklariert hatte - kein Vollidiot war, strich er den Montagvormittag gleich aus seinem Arbeitskalender. Er wusste, dass der Erwerb und die Einreichung eines amtlichen Schriftstückes plus Hin- und Rückweg ihn bestimmt ein paar Stunden kosten würden.

Er machte sich also zu Fuß auf den Weg zur Passbehörde. Immerhin benötigte er keinen Parkplatz, denn diese sind in der

Athener Innenstadt so häufig wie Lotteriegewinne.

Es war Sommer und kurz vor der Urlaubszeit hatten sich auch viele andere Athener Bürger auf den Weg ins Passamt gemacht. Das kam für unseren Optimisten nicht unerwartet und versprach, kein Problem zu werden. Schließlich hatte die Presse ja verkündet, dass das ganze administrative System reorganisiert worden war. Unerwartet war hingegen die Präsenz eigentümlicher Gestalten, die sich im näheren Umkreis des Amtsgebäudes tummelten. Ein wenig schäbig gekleidete Personen mit einer Aktentasche unter dem Arm traten immer wieder aus Nischen hervor, um sich mit einem "Reisebüro, Pässe, Passverlängerungen!" den Passanten anzubiedern. Diese Methode war zwar altbekannt und vertraut, sollte aber nach der Straffung des Behördenapparates nicht mehr notwendig sein - oder?! Na ja, es gab vielleicht doch noch ein paar ältere Leutchen, die zum Alphabet keine so herzliche Beziehung hatten und einen solchen Helfer benötigten.

Stolz erhobenen Kopfes schritt unser Behördenpionier, begleitet von seiner einmal wieder unangenehm lächelnden Gattin, an diesen Relikten eines veralteten Systems vorbei, um sich im düsteren Inneren des Gebäudes anzustellen. Über den Schaltern waren riesige Tafeln angebracht, welche die frohe Botschaft einer schnellen und problemlosen Erledigung verkündeten.

"Da, siehst du das?!", triumphierte der stolze Antragsteller. Nun wurde auch die ewig Misstrauische unsicher. Warum sollte nicht vielleicht doch eine Besserung eingetreten sein? Dreitausend Jahre Kultur, irgendwann musste das doch auch bei den Behörden seinen Niederschlag finden.

Die beiden stellten sich also am Schalter, bei dem die Verteilung der Formulare erfolgen sollte, ans Ende einer langen Warteschlange. Endlich an der Reihe, studierte der zuständige Beamte erst einmal ausführlich die *Tavtótita*, also den Personalausweis des Antragstellers. Ohne dieses Dokument ist der Grieche niemand. Es gibt ihn gar nicht, wenn er es nicht hat. Die Bedeutung der *Tavtótita* ist vielleicht mit der der Social Security Number der US-Amerikaner zu vergleichen. Es wird sogar gemunkelt, dass aus der Zahlenkombination auf der *Tavtótita* die politische Einstellung ihres Besitzers zu erkennen sei.

Wie dem auch sei, der Beamte übergab dem Antragsteller das notwendige Formular und dieser füllte es unverzüglich an Ort und Stelle aus. Das Paar begab sich danach in einen anderen Raum. Von den wohl zwanzig Schaltern dort waren gerade mal zwei geöffnet. Milchglas verdeckte diskret alles, was hinter den geschlossenen Schaltern lag. Dies ließ vermuten, dass im Zuge der Straffung des Systems das Personal auf das Allernotwendigste reduziert worden war. Endlich Ende mit den aus Steuergeldern teuer bezahlten, unnötigen Stellen! Unser Paar stellte sich brav am Ende der Warteschlange an. Beunruhigend war allerdings die Länge dieser Schlange.

In der Tat: Der Vormittag zog sich hin, die Warteschlange verkürzte sich vor den beiden nur qualvoll langsam und füllte hinter ihnen bereits den gesamten Schalterraum. Ab und zu kam eine der zwielichtigen Gestalten, die draußen um das Gebäude gestrichen waren, zu einem der geschlossenen Schalter, der sich auf ihr Anklopfen hin für einen Augenblick halb öffnete, um sich nach dem Austausch irgendwelcher Papiere sofort wieder zu schließen. Die Wartenden verfolgten dieses Geschehen mit Argwohn.

Die Mittagsstunde nahte und der Großteil der Schlangesteher befürchtete, dass sich Punkt zwei Uhr der Schalter schließen könnte, um sich erst wieder am nächsten Morgen zu öffnen.

Auch unser Optimist hatte mittlerweile einen roten Kopf bekommen und seiner Frau war das Lachen in der stickigen Hitze vollends vergangen, obwohl sie ihre Prophezeiung bestätigt sah. Da verlor unser Held die Geduld: Er verließ die Wartereihe und postierte sich in der Nähe des geheimnisvollen Schalters. Als nun wieder einer der "Helfer vom Reisebüro" erschien, gelang es unserem Mann, einen Blick in den Intimbereich des Passbüros zu werfen. Und er war erstaunt über den Fleiß der hinter dem Milchglas verborgenen Beamten und Beamtinnen: Da wurde gestrickt und genäht und eine hatte sogar einen Berg grüner Bohnen vor sich liegen, die dringendst geputzt werden mussten. Und siehe da: Der "Herr vom Reisebüro" erledigte die Passausstellung nicht innerhalb von drei Tagen, sondern binnen weniger Minuten! Natürlich gegen eine kleine Provision, die er sich mit dem

Schalterbeamten teilte, vermutete der Antragsteller.

Unser Optimist, der nun befürchtete, noch weitere Vormittage für Amtswege opfern zu müssen, wartete ab, bis sich der Geheimschalter wieder geschlossen hatte, und wandte sich mit lauter Stimme an die Wartenden in der Schalterhalle: “Sehen Sie gut zu, was ich jetzt mache!” Er winkte einen der Mittelsmänner heran und übergab ihm für alle sichtbar seine Papiere und eine Geldnote. Dieser ging sogleich zu besagtem Schalter, reichte das Formular ein und kam mit dem Versprechen, in Kürze den Pass zu überbringen, zurück.

Und so geschah es. Grinsend verließ der Besitzer des neu verlängerten Passes nach nur wenigen Minuten das Amt.

Hinter ihm aber war die Revolution ausgebrochen.

Parthenon

Unvermeidlich: der Besuch auf der *Akropolis* (1). Keiner kann aus Athen zurückkommen und sagen, dass er nicht auf dem heiligen Felsen - wie ihn die Griechen liebevoll nennen - herumgeklettert wäre. Nein, keine Angst, jetzt kommt keine Geschichtsvorlesung - Wissenswertes über die "alten Griechen", wie *Perikles* oder *Phidias,* kann man in jedem Schulbuch oder besseren Reiseführer nachlesen (2) .

Hier geht es um den *Parthenon*, die Hauptattraktion des Tempelbezirks, geweiht der jungfräulichen Schutzgöttin der griechischen Hauptstadt - Pallas Athene (3).

Schade nur, dass der Parthenon so beschädigt ist. Kein Wunder, werden Sie vielleicht denken, er ist ja schon 2.500 Jahre alt! Ja, aber die ersten 2.000 Jahre hat er fast intakt überdauert. Erst die unfreiwillig vereinten Bemühungen der türkischen Besatzer Griechenlands und der venezianischen Möchtegern-Eroberer unter Admiral Morosini im Jahr 1687 machten den Tempel (fast) zu dem, was wir heute noch bewundern dürfen. Die Türken hatten den Parthenon als Pulvermagazin verwendet - vielleicht sogar in der Annahme, dass die Venezianer so zivilisiert sein würden, ein Kulturdenkmal zu respektieren - aber Morosoni feuerte dessen ungeachtet eine Bombe in das Wahrzeichen der westlichen Kultur. Auch die Türken werden sich mehr über den Verlust ihres Munitionsdepots gekränkt haben, als über die Zerstörung des griechischen Kulturschatzes. Ihre Liebe zu griechischen Tempeln haben sie erst im 20.Jahrhundert im Rahmen des Touristengeschäftes entdeckt. Sie inkommodierten sich deshalb auch nicht mit lästigen Aufräumungsarbeiten.

Als nun zu Beginn des 19.Jahrhunderts der britische Botschafter in Konstantinopel - kein Grieche sagt jemals *Istanbul*, das täte ihm in der Seele weh (4) -, ein gewisser Lord Thomas Elgin, die Trümmer so herrenlos herumliegen sah, beantragte er beim Sultan, Zeichnungen und Gipsabdrücke anfertigen zu dürfen, unter dem Vorwand, dass sich archäologische Einrichtungen in Großbritannien dafür interessierten. In Wahrheit aber war Elgin gerade dabei, in England eine Villa im klassischen Stil errichten zu lassen. Sein Architekt hatte ihn gebeten, ihm hierfür Skizzen und Abdrücke zukommen zu lassen, um getreue Nachbildungen für das Haus anfertigen zu können. Beim Essen kam Elgin offensichtlich der Appetit. Wenn das Zeug schon so schön portioniert herumlag, warum nicht gleich etwas davon mitnehmen? Und da er schon genügend Arbeiter bei der Hand hatte, beschränkte er sich nicht auf die heruntergebrochenen Stücke, sondern ließ noch eine ganze Menge vom Tempel heruntersägen. Reliefplatten, die ihm zu groß erschienen, ließ er einfach zerteilen. Die eine Hälfte nahm er mit nach England, die andere ließ er "großzügig" zurück in Athen. Irgendwie übernahm sich Lord Elgin bei den ganzen Aktionen wohl finanziell, also sah er sich gezwungen, die Altertümer an seine Regierung zu verkaufen. Und diese besitzt sie noch immer: im Britischen Museum.

Ein solcher "Umzug" von Altertümern war früher gang und gäbe. Weder die Engländer noch die Machthaber im Osmanischen Reich waren sich damals eines Unrechts bewusst. Aus heutiger Sicht ist dies jedoch eindeutig Raub und Betrug.

Lord Elgin brachten seine Machenschaften kein Glück. Seine Frau, für die er die Villa gebaut hatte, verließ ihn. Der Preis, den er für die Entführung der Altertümer bezahlt hatte, wurde ihm vom staatlichen Käufer nicht ausreichend erstattet. Seinen Lebensabend verbrachte er in Vereinsamung, weil ihn viele, die ihn anfangs in seinem Unternehmen bestärkt hatten, fallen ließen, andere, vor allem die in England sehr geschätzten *Dilettanti*, ihn aus Neid verachteten. (5)

1832, nach der Befreiung des Großteils Griechenlands von der türkischen Herrschaft, galt die erste Sorge der neugebildeten griechischen Regierung den Bauwerken auf der Akropolis. Die Neugriechen begannen die Reparaturen mit großer Liebe und Respekt vor ihren Ahnen. Es ist ein Glück, dass sie in ihrem

Eifer nicht über das Ziel hinausschossen wie der Ausgräber von Knossos auf Kreta - Sir Arthur Evans (schon wieder ein Brite) - der den Palast nach seinen eigenen Vorstellungen restaurierte und damit die Altertumsforschung enorm erschwerte.

Diese ersten Restaurationsarbeiten am Parthenon sind aus heutiger Sicht allerdings kritisch zu sehen. Vielleicht in dem Bestreben, alles so schnell wie möglich wieder herzustellen, ersetzte man auf dem Boden herumliegende Originalfragmente durch neue Marmorteile und die Säulentrommeln verband man ungeschickterweise mit Eisenklammern. Diese aber begannen im Lauf der Zeit in der smoghaltigen Athener Luft zu korrodieren. (Die weisen antiken Vorfahren hatten übrigens ihre Eisenklammern

mit schützendem Blei überzogen). Aber das war vor 170 Jahren! Und gibt es denn *eine* Erkenntnis, die nicht morgen schon überholt ist? In minutiösem Getüftel und mit einem Riesenaufgebot an Spezialisten - es arbeiten zeitweise bis zu 70 wissenschaftliche Fachkräfte an dem Projekt - werden nun Titanium- anstelle der Eisenteile eingearbeitet sowie die Originalteile, sofern sie noch vorhanden sind, restauriert und wieder eingesetzt.

Viele Elemente aber fehlen weiterhin, unter ihnen eine der *Karyatiden.* Die Karyatiden sind jene sechs Damen (6), die mit lässiger Eleganz das Erkerdach des *Erechtheion* (7) tragen. Die sechs schönen Athenerinnen, die heute das Erechtheion zieren, sind nur Nachbildungen. Die fünf verbliebenen Original-Karyatiden kann man im Akropolis-Museum hinter Glas bewundern. Erst hier, im geschlossenen Raum, werden dem Betrachter die kolossalen Ausmaße dieser vom weiten so zart erscheinenden Plastiken bewusst. Ein Hinweis auf dem karger Wandtäfelchen daneben informiert über den Verbleib der sechsten Statue: Natürlich (!) steht sie im Britischen Museum, London. Die Athener sagen übrigens, dass die verbliebenen Karyatiden jede Nacht um ihre entführte Schwester bittere Tränen vergössen ...

Der Streit mit der Regierung Großbritanniens um die “Elgin-Marbles” (8) brannte seit der Befreiung Griechenlands lange Zeit nur auf Sparflamme. Erst die Kulturministerin *Melina Merkouris* (9) hatte es sich zu ihrem Lebensziel gemacht, mit Hilfe ihres berühmten Namens die verlorenen griechischen Schätze zurückzugewinnen. Ihre Devise lautete: "Ich hoffe, ich sehe die Marbels noch vor meinem Tod in Athen; aber wenn sie erst später dorthin zurückkommen, werde ich wiedergeboren werden." In der Tat war es ihr nicht vergönnt, die Reliefs in Athen zu sehen und es ist zu befürchten, dass der Tod noch viele Streiter um diese edle Sache überholen wird. Denn nicht nur die britische Regierung ist in Sorge, mit der Rückgabe der Altertümer einen gigantischen Stein ins Rollen zu bringen.

Eines der Argumente der Briten lautet, dass die Griechen keine geeigneten Räumlichkeiten hätten, um die Marbles fachgerecht unterzubringen. Das ist natürlich nicht wahr. Doch selbst, wenn es wahr sein sollte, die Griechen würden ohne Bedenken ein ganzes Stadtviertel niederreißen, um ihre geliebten Kulturschätze zurückzubekommen. “Fachgerecht” sind die Marbels im British Museum übrigens auch nicht untergebracht. Sie haben durch feuchte Luft und falsche Reinigung (Abreibung mit einem Scheuermittel) schon beträchtlichen Schaden erlitten.

Ein weiteres, nicht nur von den Briten vorgebrachtes Argument ist, dass es sich bei den Elgin-Marbles um ein europäisches Kulturgut handelt und die Griechen keinerlei Beziehung mehr zu ihren antiken Vorfahren hätten. Ein Argument, das für die Griechen fast schon eine Beleidung darstellt: Wie viele Völker können auf eine fast 3000-jährige belegte Geschichte und ununterbrochene Sprachtradition zurückblicken? Wer sich z.B. mit altgriechischen Dramen befasst, weiß, dass sich in der Mentalität der Griechen seit der Antike nicht viel geändert hat! Sogar die alten Götter sind - trotz aller christlich-orthodoxer Religiosität - noch präsent; der Grieche schimpft: “*Ma ton dia*”, was “Also, beim Zeus!” bedeutet. Wer hat schon einen Deutschen fluchen gehört: “Also, beim Wotan!”

Natürlich sind die Elgin-Marbles europäisches Kulturgut. Warum aber sollen sie im grauen London stehen und nicht im genauso europäischen Athen, genau dort, wo sie von ihren Bildhauern einst geschaffen wurden?

Der weiße Marmor muss also wieder zurück. Der “weiße” Marmor? Im Altertum war der Marmor alles andere als weiß. Sehr vieles, die Reliefs, die Kapitelle, viele Statuen waren bunt bemalt. Kitschig? Nein, einfach südlich farbenfroh und lebenslustig. So wie die Griechen noch heute!

Abschied der Götter

"Nun ist es doch dazu gekommen,
ich prophezeit' es lange schon,
wir werden nicht mehr ernst genommen,
denn eine and're Religion
wird jetzt von einem Mann gepredigt,
der aus dem fernen Tarsus kam. (1)
Mein lieber Zeus, wir sind erledigt,
der Paulus legt uns alle lahm.

Hätt'st du, mein lieber Gatte, dich,
nicht aufgeführt wie ein Satyr,
mit jeder Frau betrogen mich,
sogar als Schwan und auch als Stier,
mit Göttinnen und schönen Knaben,
wir könnten weiter hier regieren,
uns an Nektar und Ambrosia laben,
und ganz Europa missionieren."

So sprach Frau Hera voller Wut,
die oft Gehörnte, immer Treue.
"Sei lieber Gatte auf der Hut,
beherrsche dich und übe Reue!
Bleib jeden Abend brav zu Haus,
mit Weibern lass dich nicht mehr sehen,
sonst fliegen alle wir hinaus
aus des Olympus hehren Höhen."

"Liebe Frau, das neue Denken
ist hier sicherlich verpönt,

es kann *ein einziger* Gott nicht schenken
womit die Griechen *wir* verwöhnt!
Meine Tochter, die Gescheite,
die aus dem Kopf ich selbst gebar,
gab ich den Menschen zum Geleite
was wirklich nicht ganz einfach war.

Mit einer Rüstung, voll bekleidet,
stieg sie mir aus dem Hirngebein,
du ahnst ja nicht, wie einer leidet,
muss er als Mann Gebärer sein.
Athene schirmt die braven Leute
vor kriegerischen Feindeshorden.
Der Perser und Barbaren Beute
wär'n ohne sie schon längst geworden.

Für der Menschen Wohlergehen
haben wir mit Vorbedacht
noch manche Götter vorgesehen:
Dyonisos, der trinkt und lacht,
Apollo, diese Lichtgestalt,

ist mit dabei auf jeder Feier
singt für alle - unbezahlt -
und spielt dazu auf seiner Leier.
Da ist in ihrer Jugend Blüte
die allerherrlichste der Frauen,
die Liebesgöttin Aphrodite,
zu schön, um sie bloß anzuschauen.
Dann sollten wir auch nicht vergessen,
dass es da eine Dame gibt,
die sorgt für aller Griechen Essen,
Demeter ist dafür beliebt.
Dass ja der Weidmann nicht versagt,
wacht Artemis, die Reine, Kühle,
Spezialistin für die Jagd.
Dagegen zärtliche Gefühle
schenkt Eros, Aphrodites Sohn.
Poseidon, für die Seefahrt wichtig,
hat im Wasser seinen Thron,
Hermes sorgt, dass alles richtig
mit der Post befördert wird.
Ares, der nach Waffen süchtig,
wie man Kriege siegreich führt.

Hephaestos, lenkt am Feuer
den Erfolg bei Hellas' Schmieden,
Hestia ist der Hausfrau teuer,
zuständig für Familienfrieden.

Alle die, die hier noch fehlen,
steh'n in jedem Lexikon
es wär' zu viel, sie aufzuzählen,
das ganze griech'sche Pantheon.
Sag an, was kann zum guten Leben,
das wir mit vielen Göttern bieten,
der Christengott den Griechen geben,
kann *einer* alle Ämter hüten?"

"Lieber Zeus, lass das ruhig sein,
es kommt die neue Religion
nicht mit einem Gott allein,
auch hier gibt es ein Pantheon.
Weil sich die Griechen wunderten,
was soll ein Einziger uns frommen,
mit Heiligen zu Hunderten
ist er nach Griechenland gekommen.

Die wollen ohne Opfergaben
den Menschen helfen aus der Not.
Wenn die sich dann recht gut betragen,
werden sie selig nach dem Tod.
Es kostet sie nur ein paar Kerzen
und Blumenschmuck für den Altar,
das lässt sich wirtschaftlich verschmerzen,
wenn man bedenkt, wie's früher war.

Drum lass in Ehren uns verschwinden
zum Götterberg in den Palast.
Wir sind ein Opfer deiner Sünden,
die du so lang genossen hast.
Aus den Wolken woll'n wir wachen,
ob die neue Lehre dann
die Welt zum Paradiese machen
und Wohlstand, Frieden bringen kann.

Und sollten wir sie dann ertappen,
dass trotz der ganzen Nächstenliebe
die neuen Lehren auch nicht klappen,
die Welt ein Ort für Mord und Diebe,
kommen sie reuig angekrochen,
dann sagen wir, mein Zeus, ich meine:
"Ihr habt das alles selbst verbrochen,
so macht jetzt euren Dreck alleine!" (2)

Chaos mit System - oder: Warum das Autofahren in Griechenland etwas Besonderes ist

Es ist Hochsommer und drei Uhr nachts. Athen ist fast ausgestorben und die Stadtautobahn von Faliron (Südausfahrt) zum Syntagma-Platz (Stadtzentrum) nahezu leer. Trotzdem fährt der einzige Autofahrer beim Rotlicht der Ampel nicht einfach durch, sondern hält an. Der Grund? Er hat im Rückspiegel einen Funkstreifenwagen erspäht. Das Polizeigefährt kommt neben ihm zum Halten und die beiden jungen Polizisten geben dem Nachtfahrer zu verstehen, dass er bitte das Fenster herunterkurbeln solle. Ruhigen Gewissens folgt dieser der Anweisung, denn er ist sich keiner Schuld bewusst.

"Schönes Auto hast du da! Machst du mit?", grinst ihn der Vertreter des Gesetzes fröhlich an.

"Na klar!", erwidert der Zivilist, der im Gegensatz zu seiner ahnungslosen Beifahrerin sofort verstanden hatte, worum es geht.

Die Ampel schaltet auf grün, die Reifen quietschen - und ab geht die wilde Jagd durch die nächtliche Stadt!

Kurz vor dem Syntagma-Platz halten die beiden Fahrzeuge wieder an einer Ampel an.

"Gratuliere, tolle Beschleunigung!", rufen die Funkstreifenfahrer.

Auto fahren in Griechenland ist etwas Besonderes und wird nie langweilig. Selbst wer meint, schon jede nur denkbare Situation erlebt zu haben, wird immer wieder vor neuen Überraschungen stehen.

Der griechische Autofahrer ist phantasievoll und anarchistisch. Polizisten flößen ihm keine Angst ein, er betrachtet sie eher als dekorative Elemente. Ebenso sein Verhältnis zu Verkehrsschildern: Ein Abbiegeverbot respektiert er nur, wenn er ohnehin in die erlaubte Richtung fahren will und vor einem Stoppzeichen hält er nur dann an, wenn die Kreuzung total verstopft ist. Der

Gesetzgeber weiß das und sorgt vor. Fährt man beispielsweise verkehrt in eine Einbahnstraße hinein, kann es sein, dass man an deren Ende ein Stoppschild vorfindet!

Ein Lieblingskind der Athener Verkehrspäpste ist der Kreisverkehr. Wo immer es möglich ist, vor allem in den Außenbezirken der Stadt, werden Straßenkreuzungen zu Verkehrskreiseln umgestaltet und mit netten kleinen Grüninseln aufgelockert. Man sollte nun meinen, dass kein anderer Autofahrer der Welt die Regeln des Kreisverkehrs besser kennt als der Athener. Weit gefehlt! Wer im griechischen Kreisverkehr die Vorfahrt besitzt, ist nämlich nicht eindeutig geregelt. Die Gesetzeslage ist sehr verwaschen, denn in der Straßenverkehrsordnung steht zum Kreisverkehr lediglich, dass "sich die Fahrzeuge in dem der Kreisform entsprechenden Straßenverlauf zu bewegen haben". Was sollen sie denn sonst tun? Geradeaus durch die Grünanlage fahren? Nachdem aber sonst nichts angeführt wird, ist anzunehmen, dass hier - im Gegensatz zu den meisten anderen europäischen Ländern - die Regel "Rechts vor Links" gilt. In der Praxis kann dies aber unter den Verkehrsteilnehmern zu endlos langen Diskussionen führen.

Der Städtekomplex Athen-Piräus beherbergt 4 Millionen Einwohner. Die Verkehrsexperten zerbrachen sich die Köpfe, wie dem ewigen Stau, den Parkplatzschwierigkeiten und der Abgasbelastung beizukommen sei. Was bei den Überlegungen heraus kam, hörte sich zunächst ganz gut an: Es wurde beschlossen, einen großen Innenstadtbereich von der Hälfte des Individualverkehrs zu befreien. An geraden Tagen sollten nur Autos mit gerader Nummer fahren dürfen und an ungeraden nur solche mit ungerader. Das i-Tüpfelchen aber war, dass die Taxis von dieser Regelung nicht ausgenommen wurden. Um diesen Wahnsinn zu verdeutlichen, bekamen die gelben Wagen auf ihr Taxizeichen noch ein leuchtendes M für mono - ungerade - oder ein Z für zigo - gerade - aufgesetzt. Die Verwirrung von Reisenden, die mit der griechischen Sprache nicht vertraut waren, war groß! Erst nach zweijähriger Verunsicherung der Touristen wurde diese Bestimmung für die Taxis wieder zurückgenommen.

Für die normalen Autofahrer hatte die Regelung zur Folge, dass sich alle, die es sich nur irgend leisten konnten, ein Zweitauto zulegten - mit der passenden Nummer. Für solch ein "Behelfsauto" standen dem Normalverbraucher natürlich nicht unbegrenzte Mittel zur Verfügung. Man leistete sich also ein älteres Modell, meist ohne Katalysator. Die Umweltbelastung wurde damit erfolgreich nahezu verdoppelt.

Autos kosten in Griechenland viel Geld und deshalb wollen die Griechen auch alle Einrichtungen dieses Luxusgegenstandes benutzen. Die liebste von allen ist ihnen die Hupe, dicht gefolgt von der Warnblinkleuchte. Der Blinker selbst ist leider nicht so populär, denn zum Richtungswechsel und beim Einparken gebraucht der Grieche die vier zuckenden Lichter der Warnblinkanlage. Die anderen Verkehrsteilnehmer dürfen dann raten, wohin seine Reise geht. Verwendet man aber als gehorsamer Gesetzessklave beim Einparken den Blinker, kann es sogar vorkommen, dass einen andere Verkehrsteilnehmer belehren, man habe seine Absicht, einparken zu wollen, nicht richtig angezeigt!

Der Fußgänger ist Freiwild und lässt sich das auch gefallen. Umgekehrt tut er selbst alles, um den Verkehr zu behindern. Unbekümmert verlässt er den Gehsteig - sofern überhaupt einer da ist - und stürzt sich zwischen die Kraftfahrzeuge, ohne sich um die Fußgängerübergänge zu scheren. Warum sollte er auch: Fast jeder Fußgänger besitzt auch ein Auto und kümmert sich als Fahrer genauso wenig um etwaige Fußgänger auf Zebrastreifen!

Keiner der wenigen Verkehrspolizisten wird einen Autofahrer belangen, der bei Rot auf einem Fußgängerübergang steht oder gar durchfährt. Denn wenn der Gesetzeshüter selbst am Steuer sitzt, benimmt er sich ja auch nicht immer vorbildlich. Dazu eine kleine Anekdote:

Ein nicht im Einsatz befindlicher Funkstreifenwagen, - ein Stoppschild ignorierend - zwingt einen anderen Verkehrsteilnehmer zu einer sehr gefährlichen Bremsung. Der empörte Autofahrer fährt dem Polizeiauto hinterher und nutzt den nächsten Halt im nachmittäglichen Stau, die Gesetzeshüter zur Rede zu stellen.

Auf seine Frage, ob diese mit ihrem Gewissen vollkommen im Reinen seien, blickt ihn der Fahrer des Polizeiautos mit unschuldigen Augen an:

"Meinen Sie, weil wir nicht angeschnallt sind?"

"Nein, weil Sie ein Stoppschild missachtet haben!"

"Ach, entschuldigen Sie, aber wir waren gerade in ein interessantes Gespräch vertieft!"

Wer könnte da noch böse sein?

Glauben Sie aber bloß nicht, dass Polizeibeamte in Griechenland bestechlich sind. Da sie es aber selbst mit den Verkehrsregeln nicht immer so genau nehmen, lassen sie mit sich reden und drücken schon mal das eine oder andere Auge zu.

Odyssee 2000

Es ist tröstlich, dass der Schlaumeier Odysseus mit all seinen Tricks und Grobheiten genauso wenig ausrichten konnte wie meine Wenigkeit. Im vorliegenden Fall gab es immerhin keine Todesfälle wie beim mythologischen Vorbild. Aber der Grobheiten habe ich mich oft nur mit größter Mühe enthalten. (1)

Griechenland hat, wie alle europäischen Länder, ein großes Problem mit illegalen Einwanderern, was in einem Land mit fast unkontrollierbaren Grenzen - per Schiff kann praktisch jeder hereingeschmuggelt werden - nicht verwundern darf. Die Öffnung der Grenzen zu den ehemaligen Ostblockstaaten führte zu einem Einwandererstrom ohnegleichen. Hinzu kommen noch Tausende von Asiaten und Afrikanern jedes Jahr. (2)

Die Regierung beschloss zunächst, die Eindringlinge zu deportieren. Das war eigentlich nur bei denen möglich, deren Heimatland eine gemeinsame Grenze mit Griechenland hat. Kaum hatte man die Leute aber über der Grenze, waren sie schon wieder da. Das war also keine Lösung.

Die einzige Möglichkeit, Klarheit in die Sache zu bringen, war somit die Legalisierung der Einwanderer. Alle, auch diejenigen, die sich schon lange Zeit illegal im Land aufhielten, sollten nach Erfüllung gewisser Formalitäten Aufenthaltsbewilligung, Arbeitsgenehmigung, die grüne Karte und Krankenversicherung erhalten.

Große Freude auch bei uns zu Hause! Denn auch wir hatten eine “Illegale” in unserem Haushalt beschäftigt. Als Philippinin konnte sich unsere Corazon auf Dauer nicht als Griechin ausgeben und war ständig in Gefahr, von der Polizei aufgegriffen zu werden.

Das war Anfang 1998. Wir beschlossen, sofort die Eingliederung unseres arbeitsamen Familienmitgliedes in Angriff zu nehmen.

Von den zuständigen Stellen war schnellste Erledigung zugesichert worden. Das war ein wenig unglaubhaft, denn die endlosen Schlangen vor den Arbeitsämtern ließen auf einen von den Behörden offensichtlich unerwarteten Andrang schließen.

Eingedenk dessen schickten wir die Unsrige gleich am nächsten winterlichen Montagmorgen zum Arbeitsamt. Sie sollte, ausgerüstet mit allen erdenklichen Papieren, ihre persönlichen Daten eintragen lassen, um dann mit diesem Formular bei der allgemeinen Sozialversicherung (IKA) ihren Versicherungsschutz zu beantragen. Dann würde der grünen Karte nichts mehr im Wege stehen.

Die Ärmste wartete dort mit Hunderten Leidensgefährten bis sie nach zwei Stunden an die Reihe kam - und *was* erhielt? Ein winziges Zettelchen mit einer Bearbeitungsnummer, die sie dazu berechtigte, in zwei Wochen wieder um ein weiteres solches Zettelchen mit einer neuen Bearbeitungsnummer zu ersuchen. Die zweite Nummer war immerhin mit einem vielversprechenden Datum versehen, und verhieß eine neuerliche Audienz in abermals zwei Wochen. Nachdem diese Wochen vergangen waren, wurde unser aller Geduld mit dem Erhalt eines Formulars gekrönt. Und natürlich wurde auch dieses von einer Evidenznummer begleitet.

Nun benötigte unsere Corazon ein ärztliches Gesundheitsattest eines öffentlichen Krankenhauses. Leider brauchten das die 200.000 anderen Ausländer in Athen ebenfalls. Auch diese Prozedur belief sich auf zwei Wochen.

Da war es schon eine einfachere Sache mit dem polizeilichen Leumundszeugnis. Man musste es einfach beantragen und dann ... warten.

All diese amtlichen Bescheide waren notwendig, um das vom Arbeitsamt erhaltene Formular ausfüllen zu können. Um nicht aus dem schönen Rhythmus der Amtswege zu kommen, pendelte Corazon nun zwischen der Botschaft ihres Landes und dem Außenministerium hin und her, um die staatlich beglaubigte Übersetzung ihrer Dokumente zu veranlassen. Und so gelang es unseren vereinten Kräften, wöchentlich mindestens drei Vormittage opfernd, Anfang Juli einen schäbigen kleinen Bescheid zu erhalten, dass unsere Haushaltskraft keine syphilitische Schwerverbrecherin ist, und sich in guter Hoffnung auf eine grüne Karte befindet. Außerdem wurde ihr nun auch eine weiße Karte ausgestellt, die das letzte Vorstadium der grünen darstellte. Damit war sie vorderhand gegen eine Ausweisung gefeit.

Nun brachen die Sommerferien an, und es wäre zwecklos gewesen, irgendwelche Amtswege zu unternehmen, weil alle Ämter in der warmen Jahreszeit nur schwach besetzt oder gar geschlossen sind.

Der Herbst zog ins Land und wir beschlossen, gleich wieder mit unseren Behördenwegen zu beginnen. Nun war die Arbeitgeberin, also meine Wenigkeit, an der Reihe. Es ging um die Sozialversicherung und ich hielt es für das Beste, wenn ich diese Angelegenheit persönlich in die Hand nahm.

Auch ich reiste frühmorgens zum Arbeitsamt, um mich in der hoffentlich noch kurzen Warteschlange einzureihen. Leider gab es keine Warteschlange, sondern viele kleine Büros, gesteckt voll mit Menschen aller Nationen und unfreundliche, überlastete Beamte. Schnell wurde mir klar, dass ich hier mit Höflichkeit am falschen Platz war. Also fuhr ich meine Ellenbogen aus und drängte mich grob zu einer Beamtin vor. Doch schon wieder schimmerte meine anerzogene Höflichkeit durch, als ich versuchte, der Amtsperson mein Anliegen vorzutragen. “Also, was wollen Sie jetzt?!”, fuhr diese mich schon nach wenigen Worten an. So einfach war meine Sache aber gar nicht. Unsere Corazon lebte schon seit zwölf Jahren in Athen und hatte nur für die ersten vier eine Aufenthaltsbewilligung gehabt. Bei uns arbeitete sie bereits acht Jahre, notgedrungen schwarz, weil nach vier Jahren keine Verlängerung erlaubt gewesen war. Um die Sache aber nicht komplizierter zu machen, als sie eh schon war, erklärte ich einfach, dass die Unsrige erst im vorigen Monat zu uns gestoßen sei. Meine Befürchtung, die Beamtin würde mich nun ins Kreuzverhöhr nehmen, war unbegründet. Ihr war das schnurzegal.

Sie wies mich an, eine grüne Karte auszufüllen und schickte mich in ein anderes Büro zur Unterschrift. Auch dorthin gelangte ich nach einstündiger Ellenbogenarbeit und durfte zur Belohnung diese Karte behalten. War das nun die berühmte grüne Karte? Ach wo, es war nichts weiter als der “Pass” für mein Debüt bei der Sozialversicherung.

Trotzdem war ich stolz und beeindruckt, so ein bedeutendes

Papier in meinen Händen zu halten. Nicht beeindruckt war der zuständige Beamte bei der Sozialversicherung. Er nahm mir das schöne Dokument einfach weg und hielt mich an, ein billiges, weißes Formular auszufüllen. Ich sollte haargenau und tabellarisch die Arbeitsstunden meiner Holden aufschreiben. Wie viele Stunden arbeitet eine Haushaltshilfe? Und wie hoch ist ihr Stundenlohn? Ich stellte fest, dass keiner meiner Leidensgenossen in der Warteschlange das wusste. Das war gut für mein Selbstbewusstsein, aber schlecht für meinen Zeitplan. Das weiße Formular blieb diesmal unausgefüllt, denn es stellte sich heraus, dass ich erst eine eidesstattliche Erklärung meiner Angestellten, dass sie ausschließlich bei uns arbeitete, benötigte. Formulare für solche Erklärungen gibt es leider nur an wenigen Kiosken zu kaufen. Der nächste Vormittag verging also zunächst mit der Suche nach einem solchen Papier und - nachdem ich es endlich aufgetrieben hatte - mit dem Besuch bei der Polizei, wo die Meinige diese Erklärung unterzeichnen musste.

Der darauffolgende Tag fand mich wieder in der vertrauten Warteschlange in den Höhlen der Sozialversicherung. Aber - diesmal tat sich etwas. Die eidesstattliche Erklärung wurde mit dem weißen Formular zusammengeheftet und fand ihren endgültigen Eingang in das Archiv der Sozialversicherung. Nun dachte ich, - wo nahm ich nur diesen Optimismus her? - dass dem Ankauf der notwendigen monatlichen Versicherungsstempel nichts mehr im Wege stünde. Weit gefehlt!

"Wo ist das Arbeitgeberbuch?", fragte der Zuständige mitten hinein in mein verdutztes Gesicht. "Das waaas?" Ich war doch schon versichert!

"Wenn Sie Angestellte haben, müssen Sie die Arbeitsstunden der Angestellten in einem Arbeitgeberbuch dokumentieren", informierte mich der Beamte.

"Und wo bekomme ich das?"

"Dort drüben, beim Protokoll."

Drüben beim Protokoll standen schon fünfzig andere Leute an. Als ich an die Reihe kam, erhielt ich natürlich kein Arbeitgeberbuch, sondern - was sonst? Ein winziges Zettelchen mit einer Nummer und einem Datum in drei Wochen.

Also wieder unverrichteter Dinge nach Hause. Mittlerweile erfasste uns aber schon Panik. Denn plötzlich sprach es sich herum, dass demnächst die Ausgabefrist der grünen Karte verfalle und dann alle Bewerber ausgewiesen werden sollten.

Pünktlich nach drei Wochen pflanzte ich mich wieder vor dem Protokollbeamten auf. Da die Ausstellung der Arbeitgeberbücher und die Verteilung von Protokollnummern seine einzigen Aufgaben waren, war ich sicher, auf keinerlei weitere Schwierigkeiten zu stoßen. Doch dieser beäugte lange und mit strengem Blick mein schäbiges Zettelchen. Dann begann er zu suchen. Auf seinem Schreibtisch, in seinem Schreibtisch, in den Aktenstößen auf dem Fußboden hinter seinem Schreibtisch und auf dem Schreibtisch seines Kollegen. Und mit einem "Ist noch nicht ausgestellt!" gab er mir das Papierchen zurück.

"Aber schauen Sie doch aufs Datum! Das ist heute! Wenn ich es nicht bekomme, gehe ich hier nicht weg!"

Diese Drohung saß. "O.k., wir werden es gleich ausstellen." Ich erwartete, dass nun eine zeitraubende, unendlich schwierige Prozedur beginnen würde. Großer Irrtum. Der Beamte ließ mich auf ein riesengroßes Heft meinen Namen und Adresse schreiben, verzierte das Werk mit einem Stempel - fertig! Und darauf hatte ich drei Wochen lang gewartet?

Doch ich zog es vor zu schweigen, denn ich war froh, dem Amtsschimmel wieder etwas Schriftliches - noch dazu in Großformat - entrissen zu haben. Stattdessen eilte ich zu dem Beamten, der mir - wegen des größten Andrangs - am zuständigsten erschien. Zu ihm vorgerückt, präsentierte ich ihm stolz mein Arbeitgeberbuch und verlangte, die Versicherungsstempel zu erstehen.

"Haben Sie ein Versicherungsstempelmarkeneinkaufsbuch?"

"Ein waaas?"

Der gute Mann erkannte, dass er es hier mit einem Trottel zu tun hatte, und erbarmte sich. Er stellte mir das erforderliche Einkaufsbuch aus, wir setzten die Arbeitsstunden und den Lohn für meine Perle fest und der Beamte füllte gleich ein paar Seiten für mich aus. "So, jetzt können Sie Ihre Stempel kaufen gehen!" Er war froh mich loszuwerden.

Alles umsonst. Der Kassier untersuchte mit strengem Blick meine zwei schönen Bücher, las sogar die Seiten, auf denen gar nichts stand und erklärte mir, dass ich ohne eine Versicherungsstempelmarkenkarte überhaupt nichts kaufen dürfe. Mich wunderte nichts mehr.

"Wo kann ich die erwerben?"

"Da gehen Sie zuerst in den vierten Stock, holen sich eine laufende Nummer und warten!"

"Aber von dort komme ich ja gerade, dort hat man mir nichts von einer Versicherungsstempelmarkenkarte gesagt!"

"Da kann ich Ihnen nicht helfen; wenn ich Ihnen jetzt etwas verkaufe, werde ich bestraft."

"Geben Sie mir wenigstens Stempel für zwei Monate, damit die Sache mit der grünen Karte weitergehen kann! Ich werde es bestimmt nicht weitererzählen. Will die Sozialversicherung denn kein Geld?"

So gelang es mir, ihm wenigstens Stempelmarken für einen Monat abzujagen. Nächste Woche komme ich wieder vorbei, dachte ich im Stillen, da hat er mich schon vergessen und dann entreiße ich ihm noch eine Stempelmarke.

Also wieder hinauf in den vierten Stock. Langes Warten, um zu erfahren, dass man hier andere Nummern austeile. Die Nummern für die Versicherungsstempelmarkenkarte gäbe es vermutlich im dritten Stock beim Register. Das war insofern interessant, als ich den dritten Stock noch nicht kannte. Und außerdem ist das häufige Stiegenauf- Stiegenab gut für die Beine, die durch das stundenlange Schlangestehen geschwollen waren.

Der dritte Stock war nicht besser als die anderen zwei, die ich schon kannte. Auch hier eine meterlange Warteschlange. Bei der Beamtin angekommen, legte ich ihr alle mittlerweile gesammelten Papiere und die Dokumente vor. Nach eingehendem Studium und Rückfragen ihrerseits erhielt ich ein Ausländerregistrationsformular, das ich auch gleich ausfüllte. Zur Belohnung bekam ich die ersehnte Nummer - mit einem Termin in zwei Monaten!

"Warum in aller Welt in zwei Monaten?"

"Weil jetzt alles auf Datenverarbeitung umgestellt wird!"

Das war eine Katastrophe. Mir war das Chaos, das die Umstellung bei anderen öffentlichen Diensten bewirkt hatte, nur allzu gut bekannt. Darauf, dass die Karte in zwei Monaten nicht fertig sein würde, hätte ich auch mein letztes Hemd verwettet!

Das neue Jahr zog ins Land, es wurde Februar und ich befand, dass nach drei Monaten die Zeit für unsere Versicherungsstempelmarkenkarte reif sein müsste. Groß war mein Staunen, als ich die Sozialversicherung nicht mehr im altgewohnten Gebäude antraf. Ein Zettelchen an der Tür verwies mich an ein funkelnagelneues, hochelegantes Gebäude. Natürlich! Jetzt, nach der Computerisierung passten sie nicht mehr in die alte Bruchbude. Mit neuem Enthusiasmus erklomm ich die marmorne Freitreppe, durchschritt die gläsernen Flügeltüren und - stand vor einem einzigen Aufzug für 6 Personen. Das war eine herbe Enttäuschung, denn auch hier erstreckten sich die verschiedenen Dienststellen über 4 Stockwerke, und bei näherem Hinsehen musste ich auch noch feststellen, dass der Lift von angegriffener Konstitution war. Im 4. Stock angelangt, sah ich, dass hier alles genauso war, wie ich es vom alten Gebäude her kannte: Haargenau die gleiche Raumaufteilung und weit und breit kein Computer.

Ich meldete mich wieder bei meinem altvertrauten Beamten, der mich unverzüglich in den dritten Stock zum Register schickte. Dort gab es sensationelle Neuerungen. Richtige Schalter mit Glas, die die Menschen von den Amtspersonen trennten und ein elektronisches Gerät, das auf Knopfdruck Nummern von sich gab. War das die elektronische Umstellung? Also entnahm ich der neumodischen Einrichtung ein Zettelchen mit der erschreckenden Nummer 250 - auf der ebenfalls elektronischen Anzeige leuchtete gerade Nummer 32 auf - und wappnete mich mit Geduld. Nach etwas mehr als einer Stunde kam die Reihe auch an mich. Kaum hatte ich das Wort “Karte” von mir gegeben, sagte die Beamtin:

“Da kann ich Ihnen nicht helfen, gehen Sie zuerst in den 4.Stock, da bekommen sie die Nummer ihrer Karte!”

“Aber da komme ich ja gerade her, keiner hat mir etwas davon gesagt, die haben mich zu Ihnen geschickt!” (Wie viele Jahre stehen auf Mord im Affekt?)

“Na meinetwegen”, seufzte die Beamtin auf, “kommen Sie herein!”

“Wo herein?”

“Dort hinten, dritte Tür rechts.”

Die besagte Türe trug das Schild “Abteilungsleiterin” - sollte ich es wagen? Ich wagte es. Die hohe Persönlichkeit saß da, essend und telefonierend. Nicht dienstlich, versteht sich. Meine Sorge war unbegründet gewesen, die Dame nahm keine Notiz von mir. Ich durchquerte noch zwei weitere Büros, in denen die Arbeitswut der der Abteilungsleiterin entsprach und stand plötzlich im Inneren des Schalterraumes. Es ist schon etwas Besonderes, die Welt von dieser Seite zu betrachteten: Der Raum draußen ähnelte von hier einem überfüllten Viehstall.

Ich trat nun an “meine” Beamtin von hinten heran, die mich mit herrischem Fingerzeig in eine Ecke des Büroraums verwies, in dem Stöße riesiger Bücher lagerten. Die Wälzer waren von der Art, wie sie Petrus an der Himmelspforte hat, und auch hier waren Namen und Daten der Versicherungssuchenden von Hand eingetragen. Diese Form der händischen Datenverarbeitung war rührend. Da steckte jahrhundertealte Tradition dahinter! Ich fand den Namen und die Nummer der Meinigen, teilte ihn der Zuständigen mit und erhielt in kürzester Zeit die fertige Karte. Ausstellungsdatum 31. Dezember stand darauf. Warum hatte ich zwei Monate warten sollen? Natürlich sagte ich das nicht, denn ich wollte nicht in Ungnade fallen, bevor ich alles erledigt hatte.

Schließlich und endlich war ja wieder ein kleiner Schritt getan und ich konnte hocherhobenen Hauptes zur Kasse wandeln. Kurz vor der mittäglichen Schließung (Ämter arbeiten nur bis Mittag) kam ich an die Reihe.

“Ah, Sie können noch keine Stempelmarken kaufen, Sie müssen erst in den vierten Stock.”

“Warum?”

“Sie müssen sich ein Stempelmarkeneinkaufsbuch besorgen und ausfüllen.”

“Aber bitte, da habe ich es ja!”

“Aber nein, das Buch gilt doch nicht mehr, wegen der

Computerisierung!"

Die Zeit drängte. Zwei Stufen auf einmal nehmend, hetzte ich in den vierten Stock. Bei "meinem" Beamten war eine endlose Reihe Wartender. Der arme Teufel musste Unmengen von Stempelmarkeneinkaufsbüchern neu ausstellen. Und dann tauchte hier noch ein neuer Begriff auf: das "Schild". 'Was soll das wieder', dachte ich, müssen wir jetzt unsere Angestellten mit Nummernschildern versehen?' Aber ich wurde schon bald eines Besseren belehrt. Es wurden nun riesige, orangefarbene Tafeln ausgestellt, auf denen der zuständige Beamte Arbeitsstunden und -tage, sowie die entsprechenden Bezüge ausfüllte, worauf genau dasselbe wieder im neuen Stempelmarkeneinkaufsbuch - das sich vom alten übrigens nur im Format unterschied - eingetragen wurde. Die Schilder mussten die Beamten jedes Mal lange Zeit suchen, denn deren Format, das in etwa mit DIN A 3,895 zu beschreiben wäre, erlaubt keine Ablage in einem Aktenschrank oder Dossier. Die Angestellten archivierten diese Tafeln in Plastiktüten hinter den Schreibtischen. Dieses neue computerisierte System funktionierte natürlich nur mit Kugelschreiber, einer Unmenge von verschiedenen Stempeln und Ausbesserungen mit Tintentod.

Endlich kam die Reihe auch an mich. Mein Buch wurde ausgestellt, und ich erklärte, Stempelmarken für 4 Monate kaufen zu wollen.

"O.k., aber wir müssen auch die Strafgebühren eintragen."

"Welche Strafgebühren?!"

"Die Versicherung muss Ende jeden Monats bezahlt werden, sie sind vier Monate im Verzug!"

Fast hätte es mir die Rede verschlagen, was bei mir relativ selten vorkommt.

"Aber ich versuche doch schon seit vier Monaten Stempelmarken zu kaufen! Sie und der Kassier haben mir das jedes Mal ausgeschlagen!"

"Ausgeschlossen!"

"Ich habe Sie angefleht, können Sie sich denn nicht erinnern?"

Er konnte oder wollte nicht. Und ich bestand auch nicht länger darauf, denn vielleicht schaffte ich es noch rechtzeitig bis zur

Kasse. Er begann also auszufüllen und auszubessern, erst das Schild und dann das Buch. Das alte zerriss er. Mittlerweile hatte die Kasse geschlossen.

Gleich am nächsten Tag erschien ich beim altbekannten Kassier. Alles war aufs Perfekteste vorbereitet. Dachte ich! Der Kassier war schon im Begriff, mir die verlangten Stempelmarken zu verkaufen, als sein Schreibtischkollege einwarf: "Gesundheitsbuch ist ausgestellt?"

Ich hätte den Kerl umbringen können. Der Kassier sah mich fragend an.

"Nnnnnein, was ist das?"

"Na, Sie werden doch keine Versicherung bezahlen, wenn Sie sie nicht in Anspruch nehmen können!"

Er erklärte mir, dass ich dieses Buch im Register beantragen müsse.

Wieder begann das Gerücht von der Ausweisung der Ausländer herumzugeistern. Bis Ende März würden alle, die keine grüne Karte hätten, ausgewiesen.

Wir ließen also nicht locker und ich begab mich am nächsten Tag gleich wieder zur Sozialversicherung, ging sofort in den dritten Stock, versorgte mich mit meiner laufenden Nummer und wartete die üblichen eineinhalb Stunden. Endlich leuchtete meine Nummer auf! Ich raste zum Schalter und breitete vor der Beamtin alle bisher errungenen Papiere aus.

"Bitte ein Gesundheitsbuch!"

Mein Gegenüber durchbohrte mich mit stechendem Blick und schrie: "Hast du eine Nummer?!"

Ach, die Arme ist schwerhörig, dachte ich. Das ist schon recht, dass sie hier auch Behinderte beschäftigen, aber musste es gerade am Schalter sein?

"Hier ist meine Nummer!", schrie ich zurück und gab ihr das Zettelchen aus dem Automaten.

"In Ordnung, Passfotos hast du?!"

Das Du fand ich schon ein wenig eigenartig, aber dann dachte ich, dass nach eineinhalbjährigem, ständigem Kontakt mit dieser

Behörde eine gewisse Vertraulichkeit gerechtfertigt sei. Ich reichte ihr die Bilder. Nach eingehendem Studium aller Dokumente und Fotos musterte sie mich mit sichtbarem Zweifel. Sie hielt mich für die Philippinin! Sie, die jeden Tag mit Hunderten von Ausländern aller Nationen und Schattierungen zu tun hatte!

"Ich bin die Arbeitgeberin", erklärte ich ihr und plötzlich erfuhr unsere Beziehung einen unglaublichen Wandel.

"Ah, deshalb sprechen Sie so gut griechisch!", stellte die Dame fest, diesmal in normaler Lautstärke, fertigte sofort das gewünschte Buch aus und überreichte es. Und ich fragte mich: Versteht jemand eine fremde Sprache besser, wenn man ihn schreiend duzt?

Ausgestattet mit einer ganzen Aktentasche voll Büchern und Dokumenten konnte mir der Kassier den Kauf der Versicherungsstempel nicht mehr verweigern. Nun musste ich schnell wieder hinauf in den vierten Stock, um diese Transaktion auf der Versicherungsstempelkarte und dem Schild eintragen zu lassen. "Mein" Beamter war aber schon so ausgelaugt, dass er zu dieser Tätigkeit nicht mehr fähig war.

"Kommen Sie ein anderes Mal, wir erledigen das nur alle vier bis sechs Monate."

"Das geht nicht, die Meinige braucht das schon dringend, um es für die grüne Karte einzureichen, der Termin läuft ab!"

Es war nichts zu machen. "Tut mir Leid, kommen Sie nächste Woche!"

Nächste Woche hatte ich Glück. Der erschöpfte Beamte war ausgetauscht worden, und die neue, frische Beamtin erfüllte mir meine Wünsche.

Es ist ein unbeschreibliches Gefühl, nach eineinhalbjährigem Kampf mit den Behörden etwas erreicht zu haben. Wäre alles sofort und glatt gegangen, hätte ich diese Befriedigung nie erfahren. Aber natürlich war das Glück nur von begrenzter Dauer. Das Arbeitsamt brachte uns schnell wieder zurück auf den Boden der Wirklichkeit.

Ich schrieb nun ein Ansuchen um die grüne Karte in doppelter Ausfertigung und schickte unsere Corazon zum Arbeitsamt. Und was bekam sie? Eine Bestätigung, dass sie aufgrund des Ansuchens Anwärterin auf die grüne Karte sei, die sie in 6 Monaten erhalten würde. Solange brauche eine Sonderkommission, um über die Berechtigung zur grünen Karte zu befinden. Ich las das immer wieder, denn ich konnte es nicht glauben. Der Sinn des ganzen Spuks war wohl weniger die Legalisierung der Ausländer, sondern die Sanierung der leeren Kassen der Sozialversicherung gewesen!

Dieser Zustand blieb auch den Zeitungen nicht verborgen. Sie forschten nach und fanden heraus, dass der Grund für die Verzögerung nicht irgendwelche amtlichen Schikanen (aber wo!), sondern die Plastikbeschichtung der grünen Karte sei! Wir wollen gelten lassen, dass auch *das* ein Grund war. Es erinnerte an das Vorjahr, in dem das Verkehrsamt außerstande gewesen war, neue Autos zuzulassen, weil ihm die Nummernschilder ausgegangen waren.

Auf unsere wiederholten Anfragen bekamen wir jedes Mal dieselbe Auskunft: in zwei Monaten. Das Quälende war aber die Unsicherheit: Viele andere Antragsteller, die auch schon drei Jahre auf die grüne Karte gehofft hatten, bekamen nun einen Ablehnungsbescheid! Natürlich ohne Begründung.

Mittlerweile befanden wir uns in der Mitte des Jahres 2001. Die subtile und indirekte Methode der Budgetsanierung, die noch in unserem Fall angewendet worden war, war einer direkteren gewichen. Nun wurde den Neuankömmlingen klipp und klar gesagt, dass sie mit der einmaligen Zahlung von 50.000 Drachmen (fast 150 Euro) an die Sozialversicherung Anspruch (!) auf die grüne Karte erhalten. Die ersten dieser Opfer sah man schon bald in den diversen Gebäuden dieser Institution herumirren. Die Abwicklung war insofern anders geworden, als das Arbeitsamt bei der neuen Komödie nicht mehr mitwirkte, sondern nun die Gemeinden eingeschaltet waren. Einfacher wurde das Verfahren dadurch keineswegs, aber der (Miss-)Erfolg war wenigstens derselbe.

Odysseus Irrfahrten dauerten, wie ihm das Orakel richtig prophezeit hatte, 20 Jahre. Ich rechnete für meine Odyssee schon insgeheim mit der gleichen Zeit. Aber wie immer in diesem herrlichen Land ist das Unerwartete das einzig Sichere. Ende Juli 2001 bekamen wir plötzlich die heißersehnte grüne Karte! Sie ist - wie erwartet - ein Jahr gültig. Danach, so vermute ich, werde ich diese Geschichte zu einem Fortsetzungsroman ausbauen zu können (3).

Epilog

Dieser Text wurde von mir ursprünglich in griechischer Sprache verfasst. Ich zeigte ihn einem befreundeten Parlamentsabgeordneten, der ihn so unterhaltsam fand, dass er ihn vervielfältigte und im Parlament an seine Kollegen verteilte. Was kam dabei heraus? Das Hohe Haus lachte sich schief!

Kaliméra! - Der griechische Tag

"I Kaliméra íne tou theóu." - Das Guten-Tag-Sagen kommt von Gott, sagen die Griechen und weisen damit unwillkürlich auf die große Bedeutung hin, die sie dem Grüßen beimessen. Und schon aus der Art der Grußmöglichkeiten kann man recht viel über die Mentalität des Volkes, aber auch über sein Brauchtum, erfahren.

Die Begrüßung wird fast immer von einem *"Ti kánete / kánis?"* - Wie geht es Ihnen/dir? - begleitet. *Kaliméra* heißt in genauer Übersetzung "Guten Tag", ist aber nur bis Mittag angebracht. Wann ist in Griechenland aber Mittag? Auf keinen Fall um 12 Uhr. Um diese Zeit wird höchstens in Spitälern und Altersheimen das Mittagessen serviert. Alle anderen essen zwischen 14 und 15 Uhr. Dann folgt bis 17 Uhr die fast "heilige" Zeit der Siesta, bei der absolute Stille herrscht. Wenn in diesem Zeitraum das Telefon läutet oder jemand an die Türe klopft, ist es mit Sicherheit ein Ausländer. Täte ein Grieche so etwas, wäre das ein unverzeihlicher Fauxpas. Die Internationalisierung hat es zwar mit sich gebracht, dass viele Büros bis zum Nachmittag durcharbeiten, aber ich bin ganz sicher, dass in diesen beiden magischen Stunden nicht mit Volldampf geschafft wird. Denn man geht ja auch nicht vor Mitternacht schlafen.

Nach der Siesta kann man *"Kalispéra"* - Guten Abend - wünschen, *"Kaliníchta"* - Gute Nacht - ist, wie auch im Deutschen, eine Verabschiedung.

Ein allgemeingültiger Passe-par-tout-Gruß ist *"Chérete"*, es kann zu jeder Zeit und zu jedem gesagt werden und bedeutet ungefähr "Ich grüße." Ein wenig komplizierter ist das mit dem beliebten *"Jásou"*, weil man sich hierbei auch die Höflichkeitsform *"Jásas"* merken muss. *"Jásou/Jásas"* bedeutet "zu deiner/Ihrer Gesundheit." Vielen Griechen dient es auch als Trinkspruch.

Vor dem Essen, wünscht man *"Kalí Órexi!"* - Guten Appetit - und danach auch oft noch *"Kalí Xónepsi"* - Gute Verdauung (!).

Am Montag wird unbedingt *"Kalí Evdomáda"* - Gute Woche -gesagt, zu Monatsbeginn *"Kaló Mína"* - Guten Monat. Die so Gegrüßten freuen sich immer sehr und sind dann überzeugt, dass ihnen in dieser Zeitspanne nichts Unangenehmes passieren kann. Aber doppelt gemoppelt ist natürlich noch besser. Deshalb gibt es noch die Wünsche *"Kaló Kalokéri"* - einen guten Sommer - und *"Kaló Chimóna"* - einen guten Winter - , ein Wunsch, der schon nach dem Ende der Sommerferien, also meistens im August, wenn bestimmt noch zwei Monate Affenhitze bevorstehen, entboten wird.

Kalí Anástasi! - Das griechische Jahr I

Die Griechen sind ein sehr religiöses Volk. Fastenperioden und Feste gliedern das Jahr. Dass man sich vierzig Tage lang vor Ostern kasteit, ist in der gesamten christlichen Welt bekannt. Doch in Griechenland wird das Fastengebot noch recht konsequent befolgt. Und das orthodoxe Fasten ist eine kleine Wissenschaft für sich: Natürlich kein Fleisch, aber auch kein Fisch (mit rotem Blut), keine Butter, keine Milch, keine Eier. Was dann noch bleibt? Shrimps, Kalamari, Kaviar, eine riesige Palette der herrlichsten Gemüse, köstliches Obst und Halva, die Fastensüßigkeit. Alles ist so lecker zubereitet, dass der erste Tag des Osterfastens, *"Kathará Deftéra"* der "Saubere Montag", der unserem Aschermittwoch entspricht, zu einer fröhlichen, aber christlich einwandfreien Fressorgie ausartet. Und damit der Fastenappetit gehörig angeregt wird, geht man an diesem Tag mit den Kindern, die ein letztes Mal ihre Faschingskostüme tragen dürfen, zum Drachensteigen. Dann wird sehr oft im Freien der Völlerei gefrönt, wobei man sich *"Kalá Kóulouma"* - so heißt dieser Brauch - wünscht. Alkohol ist keine Fastensünde und deshalb darf man dem Ouzo und dem Wein, der zu all diesen Köstlichkeiten wunderbar passt, reichlich zusprechen.

In der Karwoche ist es aber endgültig aus mit dem Spaß. Sie ist tatsächlich eine Woche des Fastens und der Besinnung. Da wird sogar dem Nicht-Griechen bewusst, dass Ostern mehr ist als ein Osterhasen- und Bunte-Eier-Suchen-Fest. In dieser Woche wird von vielen Griechen sogar das Öl vom Speisezettel gestrichen, und wenn von Gründonnerstag- bis Karfreitagabend ununterbrochen die Totenglocke läutet, schleicht sich die Trauer auch in das unbekümmertste Gemüt.

Am Gründonnerstag gerät die Hausfrau in totalen Stress: Nur an diesem Tag dürfen die Eier gefärbt werden! Das griechische Osterei ist rot. In den Städten haben sich auch schon andere Farben durchgesetzt, aber nur zur Dekoration. Ein grünes oder blaues Ei wird einfach nicht ernstgenommen. Die Hühner müssen sich

um diese Zeit ganz besonders ins Zeug legen, denn weniger als hundert Eier färbt kaum eine Hausfrau. Sie sollen möglichst bis Pfingsten reichen und man will ja auch etliche verschenken. Jeder erwachsene Grieche hat mehrere Patenkinder und diese sind die wichtigsten Eieranwärter. Für die Patenkinder müssen nun auch Geschenke und vor allem die große, dekorierte Osterkerze und ein riesiges Schokoladenei besorgt werden. All diese intensiven Vorbereitungen für Ostern und das unangenehme ständige

Magenknurren bewirken eine heftige Sehnsucht nach dem Fest der Auferstehung und man wünscht sich bereits jetzt *"Kaló Páscha"* (ausgesprochen Pas-cha; das Griechische kennt kein sch) - Frohe Ostern - und *"Kalí Anástasi"* - Frohe Auferstehung.

Vom Vormittag des Karfreitags bis zur mittäglichen Kreuzesabnahme sind alle Geschäfte geschlossen. Das ist in einem Land, in dem fast immer alles geöffnet ist, ein ganz abnormaler Zustand. Danach beginnt aber die große Hektik. Die Metzger, die in der langen Fastenzeit arme Teufel waren, treten nun majestätisch auf den Plan. Unmengen an Lämmern werden jetzt verkauft, und extra noch Innereien und Gedärme, die für das Osteressen gebraucht werden.

Am Abend des gleichen Tages findet sich die Familie bei der Karfreitagsprozession zusammen. Dabei kann man Seltsames beobachten: Diejenigen, die in geringer Entfernung der Kirchenobrigkeit hinter dem Baldachin (Grab Christi) herziehen, sind zutiefst gerührt und singen das unsagbar traurige und schöne *"O glykí mou éar"* - "Oh du mein süßer Frühling" (eine romantische Allegorie - gemeint ist Christus). Aber diese Hingabe verliert sich ein paar Meter hinter dem Popen und die Prozession wird zu einem gesellschaftlich-nachbarschaftlichen Ereignis mit angeregtem Geplauder, ja sogar Lachen. Den temperamentvollen Südländern fällt Andacht einfach zu schwer. Am Ende des Zuges werden von übermütigen Jugendlichen oft schon Knallkörper abgefeuert, die eigentlich für die Osternacht bestimmt sind.

Am Karsamstag lockert sich die Trauer noch mehr. Man hat auch absolut keine Zeit mehr dafür. Es muss der Gartengrill vorbereitet und Holzkohle besorgt werden und das *Kokorétsi* - ein langer Spieß mit pikant gewürzten Stückchen von Lunge, Herz und Leber, umwickelt mit gewendeten und penibel gesäuberten Lammdärmen - aufgespießt werden. Das ist die Aufgabe der Männer. Die Frauen des Hauses sind mit der Zubereitung der *Majiritsa*, der Ostersuppe, beschäftigt. Dieses aufwändige Traditionsgericht, dessen Zutaten besser nicht detailliert erwähnt werden, erfordert die ganze Kunst und Hingabe mehrerer Köchinnen. Das mag auch als Entschuldigung dafür gelten, dass die meisten Frauen erst kurz vor Mitternacht auf dem Kirchenplatz zur Ostermesse eintreffen.

Jeder hält seine Osterkerze in der Hand. Die Messe ist über Lautsprecher weithin zu hören, denn der Innenraum der Kirche reicht bei diesem höchsten Fest der Christenheit nur für einen Bruchteil der Gläubigen. Alle warten gespannt auf das Wort des Priesters. Wenige Minuten vor Mitternacht wird das Ewige Licht aus der Kirche über den dunklen Platz gereicht. Es wandert von Kerze zu Kerze und endlich ist das erlösende *"Christós anésti"* - Christus ist auferstanden - zu hören. Das nun stattfindende Freudenfest ist unbeschreiblich. Die Menschen fallen einander in die Arme, küssen und beglückwünschen sich, Feuerwerkskörper schießen in die Luft, das Knallen ist ohrenzerreißend. Bis zum Ende der Messe bleiben nur wenige! Die meisten eilen vorher nach Hause zu den Kochtöpfen.

Mindestens ein Familienmitglied muss es schaffen, eine brennende Kerze nach Hause zu bringen. Das ist weder zu Fuß noch im Auto besonders einfach. Mit dieser Kerzenflamme muss nun ein Kreuz am Eingang des Hauses gezeichnet werden.

Danach setzen sich alle zum festlich gedeckten Tisch und es beginnt ein fröhliches Eierpecken: Jeder nimmt eines der rotgefärbten Ostereier und schlägt es gegen das seines Nachbarn. Der, dessen Ei als erstes aufgeschlagen ist, "hat verloren". Sodann genießt man die *Majiritsa.* Das Osteressen zieht sich bis in die ersten Morgenstunden hin. Das hindert aber nicht daran, am

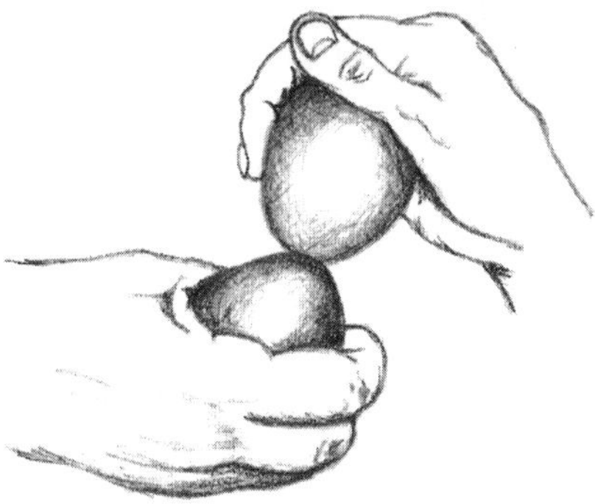

Ostermorgen schon früh aus den Federn zu steigen, um das ganze Lamm auf den Spieß zu ziehen und zu braten. Dies ist wieder Männersache. Obwohl das Lammbraten stundenlang dauert, kommt keine Langeweile auf. Gäste kommen und gehen, es werden Ouzo und Häppchen serviert. Endlich beginnt das große Ostermahl. Wieder Eierpecken, großes Zutrinken und immer wieder *"Christós anésti"*. Nach dem Gelage kommt unweigerlich die Reue; alle schwören, nie wieder Lamm zu essen. Der gute Vorsatz überdauert selten den Abend.

Der gültige Gruß bis Pfingsten lautet nun: *"Christós anésti."* Wie soll man aber auf diese für Christen selbstverständliche Information reagieren? Die richtige Antwort lautet: *"Alithós anésti."* - Er ist wahrhaftig auferstanden.

Wissenschaftliche Methode

“Jassou, Doktor!” Die Dame in mittleren Jahren ließ sich erschöpft in den Sessel vor dem Schreibtisch fallen.

“Ich kann nicht mehr! Ich sehe alles ganz verschwommen.”

“Kein Wunder, wenn du die Brille nicht trägst.” Der Arzt begutachtete die vertraute Patientin: gepflegt, teure Schuhe, teure Tasche, nur der Pullover wirkte irgendwie fransig.

“Was ist los, hast du den Pullover verkehrt angezogen?”

“Ja, das hilft gegen den bösen Blick”, antwortete sein Gegenüber mit der größten Selbstverständlichkeit der Welt.

“Aaaaaahaaaaa, und warum trägst du die Brille nicht?”

Sie wischte diese blöde Frage mit einer wegwerfenden Handbewegung aus der Welt.

“Hilft doch alles nichts, wenn du behext bist! Das Miststück, meine Schwägerin hat mich gestern bewundert, weil ich angeblich so jung aussehe, jetzt habe ich den Salat!”

“Ist ja nett von ihr, und sie hatte doch wirklich Recht.”

Die gute Frau sah gleich wieder ein bisschen gesünder aus, setzte aber sofort nach: “Wenn die mir ein Kompliment macht, dann nur, um mir zu schaden.”

“Na gut, aber was kann ich jetzt für dich tun?”, fragte der ratlose Arzt.

“Mich vom bösen Blick befreien”, kam die Antwort, so selbstverständlich als ob das das tägliche Brot eines Akademikers wäre. Auch die beste Universität bereitet ihre Studenten auf dem Gebiet der Magie nur unzureichend vor!

Der Arzt schwieg eine Weile und ging in sich. Dann sagte er: “Einen Moment bitte”, begab sich ins Nebenzimmer und rief seine Mutter an. Wo die Wissenschaft ratlos ist, ist es eine Mutter noch lange nicht.

Er erschien wieder in seinem Büro mit einem Glas Wasser und einem Ölkännchen.

“Also pass auf. Ich gieße jetzt Öl ins Wasser. Wenn das Öl im Wasser versinkt, dann ist der Zauber so stark, dass ich dir nicht helfen kann. Wenn es aber obendrauf schwimmt, dann ist der Fluch weg."

Er murmelte eine unverständliche Beschwörungsformel und goss ein wenig Öl auf das Wasser. Und, oh Wunder, das Öl schwamm oben!

Die anwesende Sprechstundenhilfe erlitt einen Lachanfall und versteckte sich hinter einem Untersuchungsgerät.

Aber die leidende Patientin sprang auf und rief: "Wunderbar, es ist weg, ich sehe ganz klar! Großartig!"

Der Arzt war sehr mit sich zufrieden. Schließlich ist es seine Aufgabe zu heilen und der Heilerfolg war offensichtlich.

Die Patientin bedankte sich überschwänglich, versuchte vergeblich, ihrem Retter ein großzügiges Extrahonorar zuzustecken und ging zur Tür.

"Das hast du wunderbar gemacht", sagte sie im Hinausgehen. "Ich werde dich weiterempfehlen!"

Der Arzt aber, das Schlimmste ahnend, schrie ihr nach: "Um Himmels Willen, bitte nicht!!!"

"Chrónia pollá!" - Das griechische Jahr II

Nicht nur in der Zeit vor Ostern, nein, auch vor Maria Himmelfahrt fasten viele Griechen, meistens um die Muttergottes wegen eines Gelübdes gütig zu stimmen. Schiffsladungen von Pilgern ergießen sich dann am 15.August über die Insel Tinos, den populärsten Marienwallfahrtsort Griechenlands. Da sieht man die sonst so ungeduldigen Griechen bedächtig in einem nicht enden wollenden Menschenstrom den steilen Weg zur Marienkirche hinaufziehen, viele von ihnen auf den Knien, andere mit Behinderten auf dem Rücken. Zu beiden Seiten des Weges stehen Buden mit Votivgeschenken, aber auch völlig unchristlichen, wundertätigen Gegenständen: die verschiedensten Formen des "Blauen Auges" gegen den bösen Blick, Knoblauch gegen Dämonen und Amulette gegen die spitze Zunge der Schwiegermutter.

Und weil das Fasten so schön ist, wird es von vielen auch noch im Advent praktiziert. Der Advent ist in einem südlichen Land nichts Besinnliches. Es ist völlig unmöglich, bei strahlendem Sonnenschein und blühenden Rosen besinnlich zu sein. Auch wenn man sich immer wieder "*Kalá Christoújenna*" - Frohe Weihnachten - wünscht, kann eine winterliche Stimmung einfach nicht aufkommen.

So richtig beliebt ist Weihnachten überhaupt erst seit der Nachkriegszeit und der Plastikchristbaum macht nur recht zögernd den echten Nadelbäumen Platz. Dabei wäre dieser Ersatz durchaus vernünftig, denn Tannen gedeihen hier erst ab 1000 m Seehöhe und erreichen kaum einen ansehnlichen Wuchs. "Richtige" Christbäume müssen also importiert werden und sind entsprechend teuer (1). Dafür floriert das Geschäft mit der Weihnachtsdekoration. Da werden meterlange bunt blinkende Lichterketten verkauft, so dass der geschmückte Christbaum einer Ansammlung wahnsinnig gewordener Verkehrsampeln gleicht. Ein besonderer Gag dieser Beleuchtung ist ihre musikalische Untermalung. Und weil der Christbaum schon drei Wochen vor dem Fest aufgestellt wird, hört man eben drei Wochen lang von früh bis spät "Ihr Kinderlein kommet". Weihnachtslieder plärren natürlich auch aus den

Lautsprechern in allen Geschäften und Einkaufspassagen.

Kinder dürfen sich ihre Geschenke übrigens selbst aussuchen - es gibt keine Überraschungsbescherung. Das erscheint uns vielleicht lieblos, aber es schützt auch vor unangenehmen Szenen unter dem Christbaum.

Es gibt also kein Feuchte-Augen-Fest um den Weihnachtsbaum. Man geht stattdessen zum Réveillon (2) oder veranstaltet es selbst. Diesem festlichen Abendessen folgt das Kartenspiel - die Damen eine Art Canasta, die Herren Poker - bis in die Morgenstunden. Große Geldbeträge, ja sogar ganze Vermögen wechseln mitunter den Besitzer, denn die Griechen sind fanatische Spieler.

Während man sich am Heiligen Abend eher mit Freunden trifft, ist der Mittag des Weihnachtsfeiertages der Familie gewidmet. Dabei steht traditionsgemäß der gefüllte Truthahn im Mittelpunkt, es werden aber auch zusätzlich verschiedene *Mezédes*, ein pikantes Allerlei, gereicht. Wenn dann auch noch jemand in der Familie Namenstag hat, also einen der Namen Christi führt - *Chrístos, Christína, Emmanuíl* usw. -, dann erweitert sich der Kreis der Familie um viele weitere Gäste.

Jetzt beginnt überhaupt eine Flut von Namenstagen. Der Namenstag ist wichtiger als der Geburtstag, denn einerseits verlangt dies die religiöse Tradition und andererseits ist keiner darauf erpicht, den anderen sein Alter zu offenbaren. (Siehe dazu "Noch eine schwierige Hochzeit", S. 94)

Von Weihnachten bis Silvester wird also fast ununterbrochen gefeiert. Der allgültige Gruß in dieser Zeit heißt *"Chrónia pollá"* (Viele Jahre); nach Silvester wechselt er mit *"Kalí Chroniá"* - (Gutes (Neu)Jahr). In diesen Tagen ziehen Kinder singend und Triangel schlagend von Tür zu Tür und wollen belohnt werden. Die kleinen Racker kommen oft schon um 8 Uhr früh! Um nur ja keine Zahlungsmüdigkeit aufkommen zu lassen, wiederholt sich dieser Brauch zu den Hl. Drei Königen.

Zum Jahreswechsel werden Parties veranstaltet; man geht aus und spielt wieder bis zum finanziellen und körperlichen Ruin Karten. Feuerwerke werden in dieser Nacht so gut wie keine abgebrannt.

Trotz durchwachter Nacht müssen am Neujahrstag wieder alle fit sein, denn es ist der Tag des Hl. Vassili, einer der wichtigsten Feier- und Namenstage. Jeder hat einen Vassili in seiner Familie. Eine Woche darauf ist schon wieder ein Namenstag, der bedeutendste des Jahres: Johannes, denn es ist der häufigste männliche Vorname in Griechenland. (3)

An diesen großen Namenstagen ist es fast unmöglich, jemanden am Telefon zu erreichen, denn die Telefone sind immer besetzt; auf den Straßen herrscht ein Irrsinnsverkehr und die Blumenhändler arbeiten bis zur Erschöpfung, denn die sehr großen Gestecke und Töpfe werden von den Händlern höchstpersönlich zu den Empfängern gebracht. (4)

Ende Januar beginnt der Fasching, der - wenn man die Feierfreudigkeit der Griechen kennt - erstaunlich arm an Höhepunkten ist. Es gibt Parties, einige wenige Kostümfeste und Bälle, doch steht bei diesen eher das Essen im Mittelpunkt als der Tanz. Alles läuft nur mit gebremstem Schaum. Die große Ausnahme macht die Stadt Patras, die mit gigantischem Aufwand einen dreitägigen Faschingspektakel samt Umzug organisiert. Bestimmt sehr lobenswert, aber bei allem guten Willen wirkt die ganze Geschichte etwas aufgesetzt. Auch Athen zeigt erste Ansätze, Karnevalsbräuche einzuführen - mit mäßigem Erfolg. Ein Volk, das ohnehin so viel feiert, braucht offensichtlich keine übertriebene Ausgelassenheit.

Urlaubspläne

Im tiefsten Winter ist es leicht, Pläne für die Sommerferien zu schmieden. Man kann sich den exotischsten Träumen hingeben, denn die schöne Jahreszeit ist noch in sicherer Ferne.

Den Urlaubsort, den wir schon seit 30 Jahren ununterbrochen frequentieren, haben wir alle gründlich satt. Er ist nur 100 km von Athen entfernt und hat außer einer guten Badegelegenheit eigentlich nichts weiter zu bieten. Sogar unsere beiden Kinder, mittlerweile erwachsen, wollen von diesem Dorf, in dem sie ihre ersten Schritte getan hatten, nicht mehr viel wissen. Die Ganzjahresmiete des Hauses wird jedes Jahr teurer und ist eigentlich sinnlos, denn wer fährt schon außerhalb der Saison in einen Sommerfrischeort? Wollten wir nur das Wochenende dort verbringen, so müssten wir eine Menge an Gebrauchsgegenständen mitschleppen (1) und dort auch noch die notwendigsten Lebensmittel besorgen. Die Betten müssten bezogen, der Kühlschrank gewaschen und in Gang gesetzt und alle Nachbarn begrüßt werden. Wäre das alles erledigt, könnten wir schon wieder den Kühlschrank abtauen und mit dem Einpacken beginnen.

Ab heuer soll das anders werden. Dort fahren wir nicht mehr hin; wir werden unser Feriendomizil kündigen! Mit dem Betrag der Ganzjahresmiete plus Lebenskosten könnten wir uns jedes Jahr etwas anderes ansehen; auch müssten wir nicht täglich einkaufen, kochen und aufräumen.

Solange also noch die Wintermäntel regieren, diskutiert die Familie endlos über die imaginären Urlaubsziele.

“Wir könnten zum Beispiel einige europäische Städte besuchen...”, schlagen wir Eltern vor.

“Seid ihr wahnsinnig? Sollen wir mitten im Sommer bei feuchter Hitze auf dem Asphalt kleben? Oder bei endlosen Regengüssen stundenlang im Hotelzimmer sitzen?”, wehrt sich der Nachwuchs und setzt gleich nach:

“Es muss ja nicht ins Ausland gehen. Griechenland ist das Land der Inseln, eine ist schöner als die andere."

"Im Hochsommer kann man nicht auf die Inseln fahren, das ist die Zeit des billigen Massentourismus, alle Fährschiffe und Hotels sind überfüllt, der Altersdurchschnitt der Reisenden liegt nicht über 18 Jahren", wissen wir Eltern.

Ganz zufällig taucht nun ein Prospekt von einem wunderschönen Fitnesszentrum im Salzburgischen auf. Flug, Verpflegung, Sauna, Massage und viele Sportmöglichkeiten, alles inklusive. Zu einem vernünftigen Preis könnten wir hier den Sommer nützen, um schlank und fit zu werden. Das zumindest schlagen die Damen des Hauses vor.

"Wir sind doch nicht wahnsinnig, dass wir für zwei Salatblätter zu Mittag und eines am Abend einen Haufen Geld bezahlen. Zum gleichen Preis bekommen wir im nahegelegenen Wirtshaus ein halbes Spanferkel", revoltieren die Männer der Familie.

Und die Sportmöglichkeiten? Man könnte doch schon vor dem Frühstück durch den Wald joggen.

"Wieso sollen wir wo hinrennen, wo wir gar nichts zu tun haben und uns dabei noch halbtot schwitzen? Wer unbedingt schwitzen will, kann das in Athen gratis haben, sogar ohne sich anzustrengen. Der Sommerurlaub ist zur Erholung da, nicht zur Erschöpfung."

Es wird diskutiert und diskutiert und mittlerweile bricht der Frühling aus. Unsere Vermieterin aus unserem Ferienort ruft an, um zu fragen, ob wir auch heuer wieder kommen würden. Außerdem wäre die Mieterhöhung diesmal nur ganz geringfügig. - Panik! - Wir erbitten uns ein paar Tage Bedenkzeit. Sagen wir ab, dann müssen wir all den Kram, der sich im Laufe der Jahre dort angesammelt hat, zusammenpacken und - wohin? - abtransportieren. Doch die Miete für das Haus zu entrichten, ohne es zu nutzen - nur damit unser Gerümpel dort stehen bleiben kann - das kommt auch nicht in Frage.

Und während wir darüber nachdenken, werden uns alle Vorteile des geschmähten Urlaubsortes bewusst: Dort ist uns jeder Stein vertraut, wir brauchen bei der sommerlichen Affenhitze nichts zu besichtigen. Man benötigt keine großartige Garderobe und frisiert oder rasiert sich nur, wenn man will. Außerdem ist die von uns bezahlte Miete die einzige Verdienstquelle unserer Hausfrau.

Wir sagen also wieder zu; aber zum letzten Mal. Sonst wird es noch zur Gewohnheit.

Der Schwarze Rabe

“42 Jahre war ich alt, als ich zum zweiten Mal Witwe wurde. Er war ein guter Mann. Seither gehe ich jeden Morgen und jeden Abend zu seinem Grab.”

Durch das feine Fältchengespinst in dem noch immer schönen Gesicht bahnte sich eine Träne ihren Weg.

“Ein Auto hatte ihn niedergestoßen. Wenige Stunden danach war er tot. Und ich stand da mit vier Kindern!”

Die einzige Träne war getrocknet. Jahrzehntelanges Leid hatte sie gelehrt, mit diesem Ausdrucksmittel hauszuhalten. Und hier auf dem Land, nur 100 km von Athen entfernt, waren die Lebensbedingungen nichts für Zimperliche.

“Glücklicherweise war ich ans Arbeiten gewöhnt. Wie hätte ich sonst meine Waisen ernährt? Und damals gab es ja auch noch Arbeit hier in der Gegend. Untertags arbeitete ich in der Tiefkühlfabrik und nachts als Putzfrau in der Marmeladeerzeugung. Die dazwischenliegende Zeit verbrachte ich mit dem Fußmarsch.”

Ich wusste, wo die beiden Fabriken damals lagen. Die Frau hatte zwischen ihren Arbeitsplätzen jeweils 6 km zurückgelegt!

“Hast du denn keine Entschädigung für den Unfall erhalten?”

“Ach, meine Güte, der war doch noch ein Kind! 16 Jahre war er alt, er hatte den Lastwagen seines Vaters geklaut. Ich wollte nicht einmal eine Gerichtsverhandlung. Meinen Mann würde sie mir nicht wiederbringen, sollte ich auch noch das Leben des Jungen zerstören?”

Ob sie nun wollte oder nicht, die Sache kam natürlich vor Gericht. Sie versuchte den Jungen zu entlasten, aber die Justiz war stärker. Es wurde eine einmalige Entschädigung verordnet, die aber in die Taschen der Rechtsanwälte floss.

“Und als die Fabriken schlossen, was hast du dann gemacht?”

“Der liebe Gott verlässt mich nicht. Seither putze und schmücke ich zwei Kirchen und die Gräber unseres Friedhofs.”

Der Friedhof liegt auf einem Hügel weit außerhalb des Dorfes. Für die 85-jährige Langstreckenläuferin offensichtlich nichts Aufregendes.

"Und dann helfe ich auch bei den Erntearbeiten und in der verbleibenden Zeit sammle ich Kräuter und Kapern."

Ihre Kapern sind ein Gedicht! Sie legt sie kunstvoll in Salz, Essig und Öl ein, und zwar alle Teile dieses wildwachsenden kleinen Strauches. Ganz früh im Jahr pflückt sie die jungen Triebe, später die Knospen und im Herbst die Früchte. Das Eingemachte verkauft sie dann an die Gaststätten des Dorfes und verschenkt vieles davon an die Nachbarn.

Der Anlass ihres Besuches war auch solch ein Glas frisch eingemachter Kapern. Nun saß sie bei uns, in unserer Ferienwohnung und schüttete ihr Herz aus. Sie trank nur Wasser, denn es war schon wieder so ein strenger Fastentag, von dem wir nichts gewusst hatten.

"Ihr habt doch nicht etwa Fleisch gegessen?"

"Und deinen ersten Mann, wann hast du den verloren?" erkundigte ich mich ein wenig roh, um auf ihre Frage nach dem Fleisch nicht antworten zu müssen.

"Ach, der Arme, der war nicht einmal fünfundzwanzig, der ist im Krieg in Albanien erfroren! Wir waren da gerade ein halbes Jahr verheiratet. Ich habe ihm eine sehr schöne Ikone in der Kirche gewidmet, weil ich ja kein Grab habe, an dem ich ihn besuchen kann."

"Aber uns könntest du doch öfter besuchen, wir freuen uns immer über deinen Besuch", beeilten wir uns, sie von ihren traurigen Erinnerungen abzulenken.

"Viele Nachbarn mögen mich nicht, weil ich zweifache Witwe bin und immer schwarz trage. Sie nennen mich *Koráki*. (1)"

Hätte sie hier im Dorf aber irgendetwas Helleres getragen, wäre sie erst recht unbeliebt gewesen. Für eine anständige Witwe gibt es keine andere Farbe als Schwarz! So war sie auch zu uns ganz heimlich hereingeschlichen, da unsere Vermieterin, die nebenan wohnte, den "Raben" nicht ausstehen konnte.

"Eure Quartierfrau hat auch andere Gründe, warum sie mich nicht mag. Vor vielen Jahren pflegte ich gegen gelegentliche Almosen ihre alte Mutter. Als ich aber bezahlte Arbeit fand, musste ich damit aufhören. Ich hatte doch meine Kinder zu ernähren! Zwanzig Jahre hat die Eurige danach nicht mehr mit mir gesprochen! Aber ich bin ihr deswegen nicht böse. Sie steht ja sowieso mit dem ganzen Dorf auf Kriegsfuß."

Es ging hier nicht nur um die pflegebedürftige Mutter. Die "Unsrige" war eine jungfräuliche Siebzigerin und residierte mit ihrem Bruder, einem ebenso jungfräulichen, pensionierten General, auf einem gepflegten Besitz - gehörte also zur örtlichen Aristokratie. Dass die beiden mit den übrigen Dorfbewohnern, die weniger betucht waren, ständig im Streit lagen, war so eine Art Klassenkampf.

"Warum können sich die beiden denn nicht mit ihren Nachbarn vertragen?", forschten wir nach.

"Na, weil sie glauben, dass sie etwas Besonderes sind! Da sitzen sie auf ihren riesigen Pfründen und gönnen uns nicht unsere 200 Quadratmeter, nur weil wir sie damals zugeteilt bekommen haben."

"Habt ihr die Parzelle gleich bekommen, als ihr aus Kleinasien hier hergekommen seid?" (2)

"Ach wo, erst war meine Familie in einem Auffanglager, aber da war ich noch klein und kann mich nicht gut erinnern. Dann haben wir, wie die meisten unserer Nachbarn, die auch Flüchtlinge sind, das Grundstück bekommen und meine Eltern stellten zunächst einmal eine kleine Baracke darauf. Das Haus, das ihr jetzt seht, habe erst ich gebaut!" Sie schien sehr stolz auf ihr beachtliches kleines Werk.

"Sehr schön hast du das gebaut, wie viel Wohnraum hast du denn da drinnen?" Das Haus war winzig, aber sehr hübsch und gepflegt.

"Ein Zimmer, ein Kabinett, eine Küche und ein Bad; und im Sommer sind wir ohnedies meistens im Freien." Rund um das Häuschen war ein schmaler Grünstreifen, an der Front ein kleiner Hof.

"Da wohnt ihr immerhin besser als die Unsrigen, die haben in ihrer Wohnung weder Bad noch Klo." Das wohlhabende Geschwisterpaar hatte tatsächlich nur einen armseligen Rohziegelschuppen im Garten, in dem die sanitären Einrichtungen untergebracht waren.

"Da sind sie selber schuld, sie bauen und bauen, das Haus hat drei komplette Wohnungen und die zwei wohnen in den alten Räumlichkeiten der Mutter, nur weil sie den Palast nicht abnützen wollen! Steht alles leer, bis auf die Wohnung, die ihr gemietet habt!

Aber welcher Mieter hält es auch schon aus mit denen?" Sie hatte Recht, auch für uns war es nicht immer ganz leicht mit der Vermieterin!

"Wir waren damals mit unseren Nachbarn einig, genügend Raum für eine Straße freizulassen" - damals gab es keinen Grundstückskataster und auch heute steckt diese Einrichtung noch in den Kinderschuhen - "und wir haben uns alle daran gehalten. Wenn ihr aber die Straße weiter entlanggeht, so werdet ihr bemerken, dass sie immer enger wird. Die Reichen auf eurer Straßenseite haben sich nicht an die Abmachung gehalten."

"Wozu aber habt ihr eine solch breite Straße angelegt?"

"Wir dachten, dass uns doch später der Leichenwagen erreichen muss!"

Uns schauderte: "Daran hast du schon als Zwanzigjährige gedacht?"

"Wie kann man an so etwas nicht denken? Außerdem war ich schon damals als Totenpflegerin sehr begehrt! Und auch jetzt kommen viele zu mir und bitten mich, sie für ihr Begräbnis vorzubereiten, wenn es so weit ist."

In den großen Städten sind diese letzten Dienste unpersönlich und distanziert; auf dem Land ist der Tod aber noch eine familiäre Angelegenheit. Der Verstorbene wird im Haus aufgebahrt, besucht und betrauert. Der Gedanke, von einem fremden Bestattungsunternehmer auf den letzten Gang vorbereitet zu werden, ist vor allem den älteren Leuten unangenehm.

"Gestern war ich auf einem Begräbnis, also ich sage euch, ein Begräbnis war das!"

"Wieso?"

"Ihr hättet die Witwe hören sollen! Das war ein *Miroloi* (3), so etwas Ergreifendes habe ich schon ewig nicht mehr gehört. Ein richtiges Vorkriegsbegräbnis!"

Wir waren froh, dieses Ereignis versäumt zu haben. Lieber gehen wir zur ersten Gedenkmesse nach 9 Tagen.

"Ich werde dafür auch die *Kólliva* für die Gedenkfeier zubereiten."

Na, dann wissen wir wenigstens, was drinnen ist: Zur Gedenkmesse wird eine Mischung aus gekochtem Weizen, Mandeln und Rosinen mit viel Zucker zu einer Totentorte geformt. An die Trauergäste werden dann ein paar Löffel von diesem Gemisch in einem Papiersäckchen verteilt.

"Aber in drei Wochen haben wir die einjährige Gedenkmesse für meinen Enkel," schluchzte sie auf. "Dem mach ich die schönste Feier, die ihr euch nur vorstellen könnt!"

Ihr 20-jähriger Enkel hatte sich im Vorjahr erhängt. Alle hatten ihn gekannt und gemocht. Er war ein fauler Lebenskünstler gewesen, kein Ehrgeiz, keine Zukunft. Und wie alle diese Typen unwiderstehlich charmant. Sein Selbstmord war allen ein Rätsel gewesen.

"Ihr hättet ihn bei seinem Begräbnis sehen sollen! Ich habe ihn als Bräutigam geschmückt." - Junge, unverheiratete Tote werden immer als Braut bzw. Bräutigam gekleidet. - "Er war so schön!"

“Wie werden seine Eltern mit diesem schrecklichen Ereignis fertig?”

“Mein Sohn macht mir eh nichts als Schande! Er hat es nicht ausgehalten und ist zu seiner neuen Freundin gezogen. Ich habe seine Frau und die zwei restlichen Kinder zu mir genommen. Mein Sohn besucht uns nur, um seine Schmutzwäsche abzuliefern und Krach zu schlagen.”

Wie hält diese Frau das alles wirklich aus?! Trifft man sie auf der Straße, hat sie immer ein herzliches Lachen und ein gutes Wort für jeden. Auch jetzt war es kein selbstmitleidiges Gejammer, sie teilte einfach ihren Kummer mit Freunden.

“Sag, wie wirst du mit all dem fertig?!”

“Gott ist unendlich groß. Im Winter hatte ich einen Traum. Da erschien mir der Heilige Eleftherios und sagte: *Auf dem Weg zum Friedhof findest du im Gestrüpp unter dem Granatapfelbaum eine heilige Ikone. Hole sie dir!* Ich dachte mir: ‘Ach, das ist nur ein Traum’, und maß ihm keine Bedeutung bei. Einen Monat später stolperte ich genau an dieser Stelle und dachte, wenn ich schon da bin, dann schaue ich nach. Und ich finde tatsächlich eine Ikone des Heiligen Eleftherios! Ich trug sie gleich in die Kirche und zeigte sie dem Priester. Was sollte ich damit machen? Er sagte mir, das sei der Lohn für mein gottesfürchtiges Leben, ich solle sie mit nach Hause nehmen. Dort steht sie nun in meinem Herrgottswinkel und beschützt uns alle.”

Wie hätte unsereins reagiert? Erstens hätten wir den Traum wahrscheinlich gar nicht gehabt. Heilige und UFOs erscheinen immer anderen, weit entfernten Menschen. Aber wenn doch? Wir hätten vielleicht schon nachgesehen. Mit dem Fund wären wir aber nicht zum Priester gegangen, sondern eher zum Antiquitätenhändler. Und je nach Wert der Ikone hätten wir sie vielleicht veräußert. Unser *Koráki* hingegen wird aus ihr Kraft für ein hoffentlich noch langes Leben schöpfen.

“Kannst du Englisch?”

“Kannst du Englisch?”

Ahnungslos bejahte ich Marias verhängnisvolle Frage. Es war ja auch nicht das erste Mal, dass ich in Griechenland von Menschen mit lückenhafter Schulbildung danach gefragt wurde, meistens um ihnen ein Couvert für einen Auslandsbrief zu beschriften, oder eine Gebrauchsanweisung zu übersetzen. Etwas in dieser Art hatte ich auch diesmal erwartet.

Maria war eine langjährige Ferienfreundin von mir. Sie war zwar blitzgescheit, aber die Dorfschule unseres Urlaubsortes hatte ihr nicht die erforderliche Bildung vermittelt. Das lateinische Alphabet oder gar Englischkenntnisse waren ihr fremd. Wie die meisten Mädchen ihrer ländlichen Herkunft hatte sie jung geheiratet und sich der Erziehung ihrer Kinder gewidmet - sie hatte zwei, die genauso alt waren wie meine eigenen. Erstaunlicherweise hatte sich in all den Ferienaufenthalten keine Freundschaft zwischen unseren gleichaltrigen Sprösslingen entwickelt.

Mit Maria war das anders gewesen. Erfrischend unkompliziert und geradeheraus hatte sie schon in den ersten Jahren unserer Landaufenthalte den Kontakt zu uns gesucht, der zugegebenermaßen nicht immer ganz selbstlos war, da sie vorhatte, die ärztlichen Dienste meines Mannes in Anspruch zu nehmen. Aber auch ich wäre hilflos gewesen, wenn Maria mir nicht bei den Kinderkrankheiten, die immer im Sommer und immer weit weg von den städtischen Annehmlichkeiten ausbrechen, tatkräftig beigestanden hätte.

So war es für mich ganz unmöglich, ihrer Bitte nicht zu entsprechen. Es ging keineswegs um eine englischsprachige Gebrauchsanweisung: Nein, ihr fünfzehnjähriger Sohn Vassilis war - unter anderem - in Englisch durchgefallen und befand sich in zitternder Erwartung der herbstlichen Nachprüfung. Wie die meisten griechischen Kinder besuchte er eine Zusatzschule, die die Schüler auf die spätere Universitätsaufnahmeprüfung oder das Abschlussexamen des Lyzeums vorbereitete. Trotz dieser doppelten Sprachberieselung war es Vassilis gelungen, das angelsächsische Idiom an sich herunterlaufen zu lassen wie Wasser auf geölter Haut. Ob ich ihm nicht ein wenig Nachhilfe geben könnte? Selbstverständlich Maria, schick' ihn nur vorbei, damit wir einen Blick in seine Bücher werfen. In Ordnung, morgen um zehn kommen wir.

O.k. dachte ich mir, er kommt um zehn, ich suche eine Aufgabe für ihn aus, er arbeitet diese zu Hause durch, und bei nächster Gelegenheit bespreche ich sie mit ihm. Um elf kann ich dann schon zum Baden gehen, was bei der unerträglichen Hitze das einzig Vernünftige war.

Punkt zehn brachte mir Maria meinen Schüler. Bei seinem Anblick schwante mir Schreckliches. Der Bub, der im Umgang mit seinesgleichen alles andere als auf den Mund gefallen war, war außerstande, mir einen guten Morgen zu wünschen. Er vermied den Blickkontakt nicht nur mit mir, sondern sogar mit seiner Mutter. Mein Zureden, dass ich ihn schon seit seiner Geburt kenne und er mir fast so vertraut sei wie mein eigener Sohn - der ebenfalls Vassilis heißt - prallte wie an einer Mauer an ihm ab.

Maria fackelte nicht lange. Sie fand meine Einleitung überflüssig und befahl uns, sogleich anzufangen und etwas Produktives zu tun. Während ich seine Englischbücher - die mich entzückten, da sie im Gegensatz zu denen meiner eigenen Schulzeit modern und unterhaltsam waren - durchblätterte, erklärte sie ihm den Sinn der stattfindenden Bemühungen: "Willst du wie dein Vater ein Arbeiter mit schmutzigen Händen werden, oder lieber wie der Doktor (mein Mann) mit Anzug und Krawatte in einem Büro sitzen, nichts tun und den Tag genießen?" Obwohl ich an dieser Erklärung beinahe erstickt wäre, verkniff ich mir eine Bemerkung, die sich pädagogisch vielleicht verheerend ausgewirkt hätte.

Ich begann also damit, meinen Schüler zum gebildeten "Nichtstuer" zu befähigen. Die Bücher zeigten, dass mein unwilliges Gegenüber eigentlich die gleichen Sprachkenntnisse haben sollte wie ich. Um ihm Mut zu geben, beschloss ich, ganz leicht mit den Grundkenntnissen zu beginnen.

"I am, you are, . . . - mach das weiter Vassili!" Schweigen. Wie

konnte ich seine Augen und Gedanken aus dem Maulbeerbaum über uns herausklauben?

"Vassiiiiiili!" Für seine Mutter, die auf dem Stuhl neben ihm festgewachsen war, war das kein Problem: "Pass auf, sonst kriegst du gleich eine geschmiert, dass es nur so knallt!"

Jetzt hatte ich zwar wieder seine Augen, aber noch lange nicht sein Hirn. Ich entschied mich also, um Gewalttätigkeiten zu vermeiden, die ganze langweilige Grundgrammatik alleine herunterzubeten. Das Interesse wird schon noch kommen, wenn wir mit den lustigen und interessanten Geschichten im Buch beginnen.

Mittlerweile war es schon irrsinnig heiß geworden, wir schwitzten alle drei und mir war der Mund vom Dauermonolog ausgetrocknet. Ich beschloss, es mir etwas leichter zu machen und bat Vassili, einen Absatz aus dem Buch vorzulesen. Mit hochroten Ohren beugte sich der Bub über das Buch und begann Unverständliches zu murmeln. Auf mein Ersuchen, doch bitte etwas lauter und deutlicher zu lesen, reagierte leider nur seine Mutter - mit einer neuerlichen Ohrfeigendrohung. Ich gab also auf, es war inzwischen Mittag geworden, ich musste noch Einkaufen gehen und kochen - an Baden war nicht mehr zu denken.

“Vassili, lies dir das durch und komm’ bei Gelegenheit wieder”, schloss ich den Unterricht.

“Morgen um zehn sind wir wieder da”, sagte Maria.

“Vielleicht könnte er sich besser konzentrieren, wenn er alleine käme?”, schlug ich vor.

“Kommt nicht in Frage, wenn er alleine weggeht, dann kommt er niemals hier an.”

“Gut, dann bring ihn her, und geh nach Hause.”

“Wenn er nicht die Faust im Nacken spürt, lernt er nichts.”

Na ja, wie sie will, er ist ja ihr Kind. Aber es sind *meine* Sommerferien!

Am nächsten Tag, pünktlich um zehn standen sie wieder vor mir. Es wiederholte sich das gleiche Schauspiel wie am Vortag und aus meinem Schüler war weder mit Güte noch mit Drohungen ein Wort herauszuquetschen.

Überflüssig zu sagen, dass sich bis zum Ende des Sommeraufenthaltes nichts an der Situation änderte.

Bei unserer Rückkehr nach Athen, Anfang September, hatte ich wohl ein ungutes Gefühl was meinen Lehrerfolg betraf, aber *mein* Englisch war wesentlich besser geworden. Wie groß war da meine Erleichterung und Freude, als Maria mich anrief, um mir mitzuteilen, dass Vassilis die Nachprüfung bestanden hatte! Es geschahen also noch Wunder! Wahrscheinlich war es Maria gelungen, die Zweifel der Prüfungskommission mit Tonnen von hausgemachter Marmelade und selbstgehäkelten Spitzendeckchen zu ersticken.

Leider hatte auch das nächste Jahr wieder einen Sommer. Kaum hatten wir unsere Sachen an unserem Urlaubsort ausgepackt, erschien Maria auch schon wieder. Als ich sie kommen sah, beladen mit Obst, Marmelade und Handarbeiten, war mir klar, dass der Filius erneut durchgefallen war.

Wir begannen gleich am nächsten Morgen. Der einzige Unterschied zum Vorjahr waren die neuen Bücher, die ich noch nicht auswendig konnte. In meiner grenzenlosen Naivität nahm ich an, dass Vassilis, der ja die vorjährige Nachprüfung bestanden hatte, nur den neuen Stoff nicht begriffen hatte. Mit frischer Kraft stürzte ich mich also in den Unterricht und hielt mich nicht mehr mit lächerlichen Grundbegriffen auf, ja ich verstieg mich sogar in grammatikalische Spitzfindigkeiten wie Plusquamperfekt und Konditional. Es war, wie ich es schon gewohnt war, wieder eine einseitige Angelegenheit: Ich sprach, Vassilis starrte ins Leere und seine Mutter fluchte und drohte. Trotzdem verließ mich nicht der Mut, denn meine Qualen des Vorjahres waren ja von Erfolg gekrönt gewesen. Vielleicht war der Bub nur ein stilles Wasser und nahm alles auf. Ich führte also meine Monologe und erklärte wieder die ganzen Ferien lang, jeden heißen Vormittag.

Dankbar führe ich hier an, dass ich sonntags frei hatte. Für den Kirchgang. Ich gestehe aber, dass ich an keinem dieser freien Vormittage zur Kirche ging, sondern zum Baden. Und ich bin ganz sicher, dass mir diese Unbotmäßigkeit in Anbetracht meiner täglichen Opfer auf dem Altar der Nächstenliebe von allerhöchster himmlischer Stelle gütigst verziehen wurde.

Auf Fragen in englischer Sprache antwortete Vassilis prinzipiell nicht. Ich fragte ihn also auf griechisch, was er denn gerne werden wolle, wenn ihm das Lernen gar so zuwider sei? Auch in seiner Muttersprache antwortete er nur einsilbig: “Bulle.”

“Warum Polizist?”

“Weil der eine Knarre hat.”

“Also, wenn du Polizist werden willst, musst du erst recht Englisch können, denn Griechenland ist ein Touristenland, wie willst du denn Auskünfte geben?”

Ich erhielt keine Antwort, die braunen Augen verfingen sich wieder im Maulbeerbaum und waren schwer zurückzugewinnen.

Auch dieser schwere, heiße und badearme Sommer ging zu Ende. Jeder normale Mensch wird meinen Herzenswunsch verstehen, endlich wenigstens einen einzigen englischen Satz aus dem Mund meines Schülers zu hören. Ich versuchte also, ihm das ganz schonend beizubringen:

“Bitte, lieber Vassilis, mach mir eine Freude; ich frage dich jetzt etwas ganz Leichtes, du antwortest mir auf Englisch und dann lasse ich dich ein für allemal in Ruhe! Ja?”

“Mmmmmmh”, kam es aus tiefster Tiefe.

Also: “Vassili, how old are you?”

Und oh Wunder! Die Antwort kam wie aus der Pistole geschossen, der Lohn meiner zweijährigen Anstrengungen und Opfer: “Thank you very much.”

Daraufhin habe ich mein Lehramt für immer niedergelegt.

Chará

Gäbe es einen Nobelpreis für Güte - sie hätte ihn längst bekommen.

Sie trat in unser Familienleben vor vielen, vielen Jahren; genau genommen war sie schon da, bevor *wir* da waren und unseren eigenen Haushalt gründeten. Sie ist eigentlich keine Person, eher schon eine vertraute und geliebte Gegebenheit, eben einfach "Unsere Chará".

Unsere Chará war als ganz junges Mädchen von der Insel Lesbos nach Athen gekommen, um hier Arbeit und eine bessere Zukunft zu finden. Als Tochter armer griechischer Flüchtlinge aus Smyrna war es ihr nicht möglich gewesen, auf Lesbos einen Ehemann zu finden, um damit ihre Existenz zu sichern. Nicht nur in der Provinz, sondern auch in den Großstädten ist es auch heute noch schwer, ohne angemessene Mitgift einen eigenen Hausstand zu gründen.

Von Mitgift konnte keine Rede sein. Charás Mutter war als junges Mädchen - mit der einzigen Habe, den Kleidern, die sie auf dem Leib trug - kurz nach dem Ersten Weltkrieg aus Smyrna vor den Türken geflüchtet. Ihrer Großmutter, der es gelungen war, einige Goldmünzen nach Griechenland herüberzuretten, gelang es, das Mädchen an einen Herrenschneider zu verheiraten. Das wäre an sich keine schlechte Partie gewesen, doch leider hatte der Gatte kein gutes Verhältnis zur Arbeit. Anstatt mit Nadel und Faden seine wachsende Familie zu ernähren, betätigte er sich als Sportfischer. Das Geld der Mitgift legte er in Form eines Fischerbootes und der dazugehörigen Ausrüstung an. Gelegentlichen Vorhaltungen seiner jungen Frau begegnete er auf "überzeugende" Weise mit Brachialgewalt. Um die Familie wenigstens notdürftig zu ernähren, wurde das restliche Vermögen der Großmutter aufgebraucht - und zwar so gründlich, dass die gute alte Frau an ihrem Lebensabend fast verhungerte. Als sie das Zeitliche segnete, waren nicht einmal mehr die erforderlichen Mittel für ein anständiges Begräbnis vorhanden. Ihre sterblichen Überreste wurden in einem Sack auf einer ausrangierten Türe zu Grabe getragen. Zum Elend kam also auch noch die Schande, denn überall auf der Welt ist ein würdevoller Abgang das letzte große Anliegen älterer Menschen.

Dass die Geldquelle der Familie versiegt war, bereitete dem fischenden Familienvater keinerlei Sorgen. Er hatte ja eine junge, arbeitsfähige Ehefrau, die zwar meistens schwanger war, aber eine Fehlgeburt mehr oder weniger spielte keine Rolle. Oft musste die Hebamme aufs Feld oder in den Olivenhain gerufen werden, wo sie der schuftenden jungen Frau in ihrer schweren Stunde beistehen sollte. Handelte es sich um Lebendgeburten, starben die Kinder oft kurz darauf an Unterernährung. Einige, die das Säuglingsalter überstanden, wurden Opfer von Kinderkrankheiten, da Arztbesuche unerschwinglich waren. In ihrer Verzweiflung ließ sich die Mutter ihre goldenen Zahnkronen ziehen, um vom Erlös die Kinder und den Mann zu ernähren.

Trotz aller Opfer und Schwerarbeit gelang es ihr, nur zwei von acht lebendgeborenen Kindern großzuziehen. Die beiden Mädchen, unsere Chará und ihre Schwester Anna, mussten natürlich schon im zartesten Alter mitarbeiten. Für den Schulbesuch, vor allem Charás, der Älteren, war oft keine Zeit. Während sie es auf drei lückenhafte Schuljahre brachte, gelang es der Jüngeren immerhin, die Pflichtschule (damals 6 Jahre) zu absolvieren.

Anna wäre gerne Lehrerin geworden, aber an eine derartige Ausbildung war wegen der Kosten nicht zu denken. Selbst für die nun beginnende Schneiderlehre mussten Opfer gebracht werden. Der ausgemergelte Körper der Mutter war für Schwerarbeit nicht mehr zu gebrauchen. Sie fand nur noch gegen armseliges Entgeld ab und zu Arbeit als Putzfrau oder Wäscherin.

Also musste die ältere Tochter herhalten. Auf Lesbos gab es keine Arbeit. Sehr ähnlich wie ihre Mutter vor vielen Jahren, schnürte Chará ihr Bündel mit wenigen Habseligkeiten und verließ - zum ersten Mal in ihrem Leben - ihre Insel per Schiff, um in der Hauptstadt ihr Glück zu suchen. Von kleinem Wuchs und unterernährt, erweckte sie nicht den Eindruck einer kräftigen und fähigen Arbeiterin. In mehr als einfachen Wohnverhältnissen aufgewachsen, waren ihr die städtischen Haushaltseinrichtungen völlig unbekannt. Ihre strenge und religiöse Erziehung machte sie zu Wachs in den Händen ihrer Arbeitgeberinnen.

Dienstmädchen gab es im Überfluss. (2) Da alle aus der Provinz kamen und es ihnen der Lohn nicht erlaubte, eine eigene Wohnung zu mieten, mussten sie am Arbeitsplatz untergebracht werden. Die Wohnungen der 50iger-Jahre geben ein beschämendes Zeugnis für die Wohnverhältnisse des Personals. Hinter der Küche befand sich ein winziger Raum, eher ein Verschlag, im besten Fall mit einem Fenster in den Lichtschacht, der besser Geruchs- oder Geräusche-schacht heißen sollte. Platz war in diesem Raum höchstens für ein Bett und ein Regal. Das Dienstbotenzimmer taugte nur als Schlafplatz, was sehr im Sinn der Arbeitgeber lag. Trotzdem muss vermerkt werden, dass durch das enge und ständige Zusammenleben mit der Familie sehr oft zwar eigenartig unterdrückerische, aber trotzdem herzliche Verhältnisse entstanden. Die Arbeitgeberfamilie betrachtete es auch als ihre Ehrensache, für die spätere Verheiratung des dienstbaren Geistes zu sorgen. (3)

Nach einer unglücklichen ersten Anstellung landete unser Chará bei meinen Schwiegereltern. Meine Schwiegermutter war eine liebevoll-tyrannische Herrin, die zwar am Arbeitsplatz unerbittlich streng war, aber volles Verständnis und echtes Interesse für die privaten Sorgen ihres Schützlings hatte. Und private Sorgen hatte die Ärmste mehr als genug. Einerseits sollte sie in ihrer spärlich bemessenen Freizeit einen Ehemann finden, andererseits gab es in der Großstadt massenhaft Männer, die nur darauf warteten, die Unschuld vom Lande zu verführen und auszunützen.

Charás Verwandte, die sich schon vor ihr in Athen etabliert hatten, taten ihr Bestes, sie unter die Haube zu bringen. Wann immer ihnen ein Junggeselle unterkam, versuchten sie, eine Heirat zu vermitteln. Wer ist aber schon bereit, ein armes Mädchen, das tagaus-tagein bis spätabends arbeitet, zu heiraten? Höchstens einer in fortgeschrittenem Alter oder ein stark fehlerhaftes Modell.

Unsere Gute war zu solchen Kompromissen nicht bereit. Er sollte vor allem jung und schön sein. Und so verstrichen die Jahre, die Auswahl an verfügbaren Kandidaten wurde immer kleiner und unsere Chará geriet in Gefahr, als alte Jungfer zu enden. Die besorgte Mutter drängte immer mehr in ihren Briefen, denn obwohl sie selbst ein gebranntes Kind war, konnte sie sich für ein Mädchen keine andere Zukunft als die der Ehefrau vorstellen.

Endlich zeigte das Schicksal Erbarmen für ihre Nöte. Ein "schöner" Mann trat in ihr Leben, der romantischerweise noch dazu Charis hieß, also ihr männliches Äquivalent. Einige Jahre jünger als sie, "groß" - auch ein mittlerer Zwerg wäre für unsere nicht einmal eineinhalb Meter große Chará noch ausreichend gewesen - und leider genauso fleißig wie ihr Vater! Auch er war ein Jünger der Fischereibranche. Seine einzige Tätigkeit bestand damals darin, einem Fischhändler beim Transport der Ware vom Schiff zum Markt zu helfen. Nicht gerade eine anspruchsvolle Arbeit und leider auch keine ständige. Deshalb war es um so erstaunlicher, dass der junge Mann immer tadellos und gar nicht billig gekleidet war.

Als wir nach Griechenland zogen, überließen uns meine Schwiegereltern ihre Athener Wohnung. Ihr schönstes Hochzeitsgeschenk war aber unsere Chará. Sie wollte nicht mit ihren älteren Arbeitgebern an den Stadtrand ziehen, weil sie befürchtete, ihren schönen Galan zu verlieren, der sie jeden Abend zu einem romantischen Spaziergang in den nahegelegenen Park abholte.

Bald schon hatten auch wir das Vergnügen, den Adonis kennenzulernen. Als sie uns stolz ihren Fang präsentierte, konnten wir uns ein Lächeln nur mit Mühe verbeißen. Ein mittelgroßer Mann mit einer großen Knollennase, einem schmalen Clark-Gable-Bärtchen und mit schwarzen Haaren, die mit Hilfe einer Unmenge an Brillantine und einem breitzinkigen Kamm aus dem Gesicht gekämmt waren. Das schüchterne Grinsen offenbarte eine Vielzahl von Goldkronen, die als Zeichen von Wohlhabenheit gerne präsentiert wurden. Das Erheiterndste an der ganzen Gestalt war aber die Körperhaltung; fast bis zur halben Höhe geknickt, hatte er seine Rechte weit zum Gruß vorgestreckt, und das schon aus meterlanger Entfernung. Ein vorsorglicher Mann, der für alle Fälle die Hand rechtzeitig im Anschlag haben wollte. Wäre er nicht der Auserwählte unserer geliebten Chará gewesen, hätten wir ihn einfach für einen Trottel gehalten und ignoriert. So aber wurde auch er fest in unser Familienleben integriert.

Charis war zwar keine Intelligenzbestie, aber doch um einiges schlauer, als anzunehmen gewesen wäre. Zum großen Leidwesen seiner Holden wollte er sie weder seiner Familie vorstellen, noch die ihrige kennenlernen. Er hatte Glück, denn ihre Eltern waren ja weit weg und eine Schiffsreise stand für ihn, der vom Meer lebte, natürlich außer Diskussion. Von Fliegen konnte erst gar keine Rede sein. "Wenn der Mensch fliegen sollte, dann hätte er Flügel" - nicht ganz unlogisch.

So reiste unsere arme Chará also jeden Sommer alleine auf ihre Insel und versuchte, Eltern und vor allem Nachbarn von der Existenz eines Heiratskandidaten zu überzeugen. Es war ja schon Schande genug, dass sie arbeiten musste. Natürlich durfte niemand erfahren, dass sie als Haushaltshilfe tätig war. Sie nützte den Umstand, bei einem Arzt zu arbeiten, sich als Krankenschwester auszugeben.

Obwohl Arbeit anscheinend als Schande aufgefasst wurde, war es scheinbar keine Schande, sich vom einzigen arbeitenden Familienmitglied finanziell unter die Arme greifen zu lassen. Eltern und Schwester ließen sich ohne Hemmungen von ihr aushalten.

Wenn jemand im Luxus der Hauptstadt lebt, muss er ja vermögend sein!

Wo aber blieb der Bräutigam? Zur allgemeinen Beruhigung trafen laufend Briefe von ihm ein. Feurige Briefe, mit erotischen Details, die Chará veranlassten, ihre Post sorgfältig vor den Augen der Verwandten zu verwahren. Glücklicherweise wusste sie damals selbst noch nicht, dass der Angebetete Analphabet war. Er hatte einen "Freund" im Kaffeehaus gebeten, ihm seine Liebesbriefe zu schreiben. Der Liebesbriefbeauftragte nahm die Sache sehr ernst und inspirierte sich am Kamasutra. Man stelle sich das Gelächter der Kaffeehausstammgäste vor, wenn der Briefautor seine literarischen Ergüsse und die zaghaften Antwortschreiben unserer Holden beschrieb.

Die Liebesbeziehung der beiden zog sich über Jahre hin und wäre sicher nie in eine Heirat gemündet, wenn nicht etwas Unerhörtes geschehen wäre.

Glücklicherweise waren wir zu Hause, als der verhängnisvolle Anruf aus Lesbos kam. Chará drohte, am Telefon vor Schreck zu ersticken. Als sie auflegte, war es uns nicht möglich, die Ärmste zu beruhigen, sie schluchzte und schrie so erbärmlich, dass wir dachten, ihre ganze Familie sei tödlich verunglückt. Es war aber etwas viel Schrecklicheres passiert: Ihre fünf Jahre jüngere Schwester hatte sich verlobt! Und zwar nicht auf unbestimmte Zeit - das Aufgebot war schon bestellt.

Wie war es dazu gekommen? - Der Sohn einer Nachbarsfamilie aus Mytilene, der vor vielen Jahren nach Kanada ausgewandert war, war für zwei Wochen nach Lesbos gekommen, um dort eine Frau zu finden. Da er selbst schon in den mittleren Vierzigern war, suchte er eine Braut, die zwar noch fortpflanzungsfähig, aber doch nicht mehr ganz jung war. Die Enddreißigerin Anna wurde ihm am Montag vorgestellt, am Dienstag fand die Verlobung statt, am Freitag war Hochzeit und am Samstag war der große und endgültige Abschied. Abreise nach Athen und ohne Aufenthalt Frankfurt - Toronto. Das wäre selbst für eine Kosmopolitin eine Heldentat gewesen, wieviel mehr jedoch für die Unschuld vom Lande, deren weiteste Reise nie mehr als zwanzig Kilometer vom Heimatort weggeführt hatte. Und das mit einem Mann, der ihr praktisch fremd war! Aber für die "alte Jungfer" Anna war es die Gelegenheit ihres Lebens.

Für die ältere Schwester war das in jeder Hinsicht eine Katastrophe. Wie konnte die "Kleine" sie einfach überholen! Wir versuchten, dem Problem mit Logik zu begegnen. Wer weiß, was das für ein Fang ist! Die Ärmste wurde an einen Unbekannten verschachert. - Der Schock war aber so groß, dass für logische Argumente die Zeit noch nicht reif war. Trotzdem war es aber höchste Zeit für uns alle, Hochzeitsgeschenke und eine Flugkarte aufzutreiben, denn unsere Holde musste ja rechtzeitig mit allem ausgestattet in Mytilene erscheinen. Die nun entstandene Hetzjagd half ihr, vorläufig ihren Schmerz in den Hintergrund zu drängen. Sie stürzte sich in Wahnsinnsausgaben, um der "Kleinen" nur ja ein fürstliches Geschenk zu machen. Die Kleine dagegen war nicht so großzügig. Sie leerte die gemeinsame Mitgifttruhe der beiden Schwestern, die Jahre hindurch mit liebevoll gesammelten Wäschestücken gefüllt worden war, mit der rohen Begründung, dass die Ältere ohnehin nie heiraten würde.

Als Chará aus Lesbos zurückkam, war sie einigermaßen beruhigt. Erfreulicherweise war der Schwager etwas fehlerhaft. Er hatte eine

Glatze und hinkte ein bisschen. Trotzdem war nicht daran zu rütteln, dass er Gräkokanadier war und deshalb natürlich reich. Wir schlachteten die Mängel des neuen Verwandten hemmungslos aus, um die Unsrige zu trösten.

Leider lastete die Sorge um die alten Eltern nun einzig und alleine auf den Schultern unserer Chará. Für uns wurde es deshalb um so dringender, unseren Schützling unter die Haube zu bringen. Wie überzeugt man aber einen störrischen Freier, der außerdem noch ein schlauer Trottel ist, endlich zu heiraten? Jedesmal, wenn er den Fehler beging, uns über den Weg zu laufen, sprachen wir ihn auf das Thema an. Endlich gelang es in vereinter Bemühung zu erreichen, dass er sie zumindest seiner Familie vorstellte. Wäre Charis ein durchschnittlich intelligenter Mann gewesen, hätten wir nun verstanden, warum er so lange seine Verwandtschaft versteckt hatte. Was wir nun durch unsere Holde erfuhren, übertraf alle unsere Vorstellungen. Es drehte sich um eine Art Adams-Family. (4)

Charis lebte mit seiner Mutter, seiner Schwester Maria und deren Ehemann Georg in einem hübschen alten Haus gegenüber dem Areopag-Felsen ganz nahe der Akropolis. Von einem Vater war nie die Rede gewesen. Er dürfte, aus begreiflichen Gründen, wie wir noch sehen werden, vor langer Zeit das Weite gesucht haben.

Es gab auch noch eine zweite Schwester, Tulla, die, weil sie nach der Heirat ausgezogen war und eine ganz normale Familie gegründet hatte, von den übrigen mit Misstrauen behandelt wurde.

Die beiden Frauen des Hauses - die kleine, kugelförmige Mutter und die große, grobschlächtige Schwester - begegneten unserer feinfühligen Chará mit Argwohn und Feindseligkeit. Der Gatte Marias, ein kleiner, unbedeutender Mann, versuchte ihr sein Wohlwollen zu zeigen, wurde von den beiden Furien aber immer wieder in seine Schranken verwiesen. Er war übrigens der einzige der vier, der einer geregelten Beschäftigung nachging. Als staatlich besoldeter Lagerarbeiter im Marinehafen versorgte er die Familie nicht nur mit seinem kleinen Gehalt, sondern auch mit Naturalien, die er von dort unentgeltlich bezog. Ganz ungeniert erklärte uns Charis, wie dieser “Bezug” funktionierte:

“Man packt zwei Taschen mit Ware voll: Die eine gibt man dem diensthabenden Offizier und aus der zweiten Tasche macht man dem Wachposten ein kleines Geschenk."

"Ist das nicht ein bisschen gefährlich?", war unsere naive Frage.

"Gar nicht, die Höheren stehlen viel mehr und viel Wertvolleres."

Warum sollte sich also der arme Teufel seinen schäbigen Lohn nicht ein wenig aufbessern? Ehrlich gesagt, wir fanden es nun auch ganz in Ordnung.

Über Charás Beschreibungen der sonntäglichen Familientreffen bei der Schwiegerfamilie hätte sich jeder italienische Filmemacher gefreut. Das zentrale Ereignis des Sonntags war natürlich das Mittagessen. Die Kochkunst der beiden Frauen war primitiv. Es gab nur sehr einfache, gekochte oder pfannengebratene Kost. Der Backofen war ihnen fremd. Das Fleisch wurde fix und fertig in Stückchen geschnitten serviert, weil das Essbesteck keine Messer vorsah. Auch Gabeln waren nicht populär. Sie waren den seltenen Gästen vorbehalten, die Familienmitglieder aßen alles mit einem Kaffeelöffel.

Georg, der arbeitende Schwager, hatte schwere Magengeschwüre. Die Damen des Hauses nahmen darauf keinerlei Rücksichten. Er hatte zu essen, was auf den Tisch kam.

Arztbesuche wurden ihm erst ermöglicht, als Chará dafür aufkam. Unsere Gute konnte es einfach nicht mitansehen, wie sich der arme Teufel nach jeder der schweren Mahlzeiten in Schmerzen krümmte. Sie arrangierte also Untersuchungen bei teuren Ärzten, die leider immer das gleiche konstatierten: einen fortgeschrittenen Zustand, der Magendurchbruch sei nicht zu vermeiden, wenn er nicht sofort operiert werden würde. Seine Frau, die bei diesen Konsultationen immer anwesend war, nützte die Schwerhörigkeit des Gatten, um den Arzt im Flüsterton zu beschwören: "Operieren kommt nicht in Frage, geben sie ihm doch ein Medikament!" - Der Widerspruch des Arztes, dass es dafür schon viel zu spät sei, wurde einfach ignoriert.

Zwei Jahre später trat das Erwartete ein; er wurde mit Magendurchbruch ins Spital eingeliefert. Auch da noch bestürmte seine Frau die Ärzte, ihn nur ja nicht zu operieren. Seine Krankenkasse hätte ohnedies alles bezahlt, aber zu so komplexen Überlegungen war sie offensichtlich nicht fähig. Mittlerweile war allerdings schon alles zu spät.

Als Chará am dritten Tag seines Spitalaufenthaltes in der Klinik erschien, traf sie Maria, ganz in schwarz, durch die Korridore hastend. Chará bekreuzigte sich und drückte der armen Witwe ihre Anteilnahme aus. Doch die hatte es eilig.

"Wo rennst du denn hin?", fragte Chará.

"Ich muss ein Bestattungsunternehmen finden!" - Eifrige Bestattungsunternehmer lauern immer irgendwo in den dunklen Ecken der Krankenhäuser.

"Wann ist es denn passiert?", fragte unsere Ahnungslose und wischte sich die Tränen aus den Augen.

"Was?"

"Na, wann ist er gestorben?"

"Ah, ganz tot ist er noch nicht, aber ich will alles frühzeitig fertig haben."

Nach zwei Tagen war es soweit. Das rechtzeitig vorbereitete Begräbnis war ein Bombenerfolg. Während seines ganzen freudlosen Lebens war dem Verstorbenen nicht so viel Beachtung geschenkt worden wie jetzt. Die Witwe besuchte nun täglich sein Grab, wusch den Grabstein und die Plastikblumen und nahm bei dieser Gelegenheit auch an eventuellen Begräbnissen teil, bei denen sie den unbekannten Verschiedenen zum Befremden seiner Angehörigen pflichtschuldigst bitterlich beweinte.

Seitdem die Knochen ihres Mannes drei Jahre später exhumiert und - wie das in Griechenland üblich ist - in ein Kästchen im Gebeinhaus übersiedelt worden waren, geht sie zweimal wöchentlich zum Friedhof, um seine Gebeine zu waschen und zu parfümieren. Sogar die Kirchhofangestellten, die ja an einiges gewohnt sind, finden dieses Verhalten etwas eigenartig.

Nun war der Gatte also unter der Erde und die Witwe hoffte auf die Witwenrente. Es verging ein Monat, es vergingen zwei, drei, vier Monate - nichts kam. Nachdem der einzige Nicht-Analphabet des Hauses der Verstorbene war, lief die Witwe zu einem Rechtsanwalt, um der Sache auf den Grund zu gehen. Groß war das Staunen des Rechtsgelehrten, als er feststellte, dass nach zwanzigjähriger Ehe keinerlei Dokumente aufzutreiben waren, in denen die Heirat festgehalten war. Die beiden waren wohl einfach zur Kirche gegangen und hatten sich trauen lassen, sich aber dann nicht um die Papiere gekümmert. Offiziell war Maria also noch unverheiratet. Rechtsanwälte sind, wie bekannt, alles andere als billig, und - wer sonst?! - unsere arme Chará kam wieder für die ganze Papierwirtschaft auf. Ein paar Monate nach dem Tod ihres Mannes wurde Maria nun endlich seine Frau. Nachkommen, die eventuell ihre Ansprüche hätten streitig machen können, gab es keine.Und dies wäre auch ein Wunder gewesen, denn - wie die trauernde Witwe allen stolz erklärte, war die Ehe nie vollzogen worden!

Sachte, ganz sachte hatte sich unsere Chará also in die seltsame Familie ihres Angebeteten eingeschlichen, oder besser gesagt, eingekauft. Ob die Verwandten es nun wollten oder nicht, sie mussten sie akzeptieren. Mit ihren wenigen Volksschulklassen war sie für die drei Analphabeten eine unentbehrliche Intellektuelle. Von Heirat war trotzdem weiterhin keine Rede.

Unsere Sorge war, dass der Heiratskandidat - für uns war er einer - keiner geregelten Arbeit nachging. Wann immer wir von einem freien Arbeitsplatz erfuhren, versuchten wir, ihn unterzubringen. Leider blamierten wir uns auf diese Weise bei vielen guten Bekannten, da Charis, wenn er überhaupt zum vereinbarten Vorstellungstermin erschien, dann nie zur Arbeit kam. Die eine Beschäftigung erschien ihm zu niedrig, die andere zu anstrengend, dann war wieder die Bezahlung nicht ausreichend. Geistig unbedarft wie er war, kam ihm nicht zu Bewusstsein, dass er ohne Krankenversicherung und Pensionsanspruch in den Tag hineinlebte. Auf mein Anraten hin, sich doch wenigstens als Arbeitsloser anzumelden, reagierte er mit stolzer Empörung. Der verpatzte Aristokrat ließ sich lieber von seiner Braut aushalten. Und er war ja auch nicht billig. Maßgeschneiderte Anzüge und Hemden, Taschengeld für seine Kaffeehausaufenthalte und Taxifahrten. Das Taxi war für ihn unumgänglich, weil der gute Mann, der in Athen geboren und aufgewachsen war, es nicht schaffte, die öffentlichen Verkehrsmittel zu benützen. Er kam jeden Tag von seinem Heim, das ganz nahe einer U-Bahnstation lag, in unsere Praxis, die vier

Stationen von der seinen entfernt war, um seine Holde zum Spaziergang abzuholen. Wir erklärten ihm immer wieder, wie er die U-Bahn benutzen konnte, aber er war zu einem solch kühnen Unterfangen nicht zu bewegen. Bis ihn Chará eines Tages beim Händchen nahm - es war wirklich ein Händchen, weich wie das eines Babys, weil er ja nichts arbeitete - und gemeinsam mit ihm die Strecke abfuhr. Die Athener U-Bahnstationen sind keineswegs uniform. Man kann sie mit einem Minimum an Aufmerksamkeit unterscheiden oder, wenn man auch dazu nicht fähig ist, abzählen. Charis ist aber einer von denen, die von unbeseelten Gegenständen offenbar nicht beeindruckt werden. Er merkte sich vielmehr auf seiner Station eine alte Weihrauchverkäuferin, die ihm in Zukunft das Signal zum Aussteigen sein sollte. Das ging eine Zeitlang ganz gut; bis er eines Tages etwas später heimfuhr. Die alte Frau war schon nach Hause gegangen und Charis reiste in seiner verzweifelten Suche nach ihr fünf Stationen weiter. Dann musste er erst recht ein Taxi in Anspruch nehmen!

In hinterlistiger Schläue versuchten wir, Charis immer mehr an uns und damit natürlich auch an Chará zu binden. Wir dachten uns also eine "standesgemäße" Position für ihn aus. Er wurde Sekretär in unserer ärztlichen Praxis. Es oblag ihm nun die verantwortungsvolle Tätigkeit, auf das Läuten hin die Wohnungstüre zu öffnen und die Patienten nach ihren Namen zu fragen. Das ging ganz gut, nur war er außerstande, sich einen Namen von der Wohnungstüre bis zu mir, die ihm bei seiner Arbeit sekundierte, zu merken. In der Zeitspanne zwischen seinen Auftritten saß er bei mir im Büro. Ich versuchte bei dieser Gelegenheit - leider vergeblich - ihn mit den Tücken und Geheimnissen des Alphabets vertraut zu machen. Seine Holde schwirrte immer wieder um uns herum und bemühte sich ebenfalls, bei diesem schwierigen Unterfangen behilflich zu sein. "Pass doch auf mein Goldstück, das ist ein Ch wie Charis!" Alles umsonst. Nach einjährigen, erfolglosen Bemühungen verbannte ich ihn ins Kinderzimmer. Mit unseren Vorschulkindern fühlte er sich dann auch viel wohler. Zwar überholten ihn diese bald, selbst was die Geschicklichkeit im Zusammensetzen von Kleinkinderpuzzles betraf, aber er rettete sich immer schlau aus der

Affäre: "Ich wollte wissen, ob ihr das besser könnt!"

Mit den Kindern verstand er sich gut, trotzdem wäre es einmal fast zu einer Katastrophe gekommen. Charis hatte eine eigenartige Angewohnheit. Nachdem er lange ganz unbeweglich auf seinem Stuhl gesessen war, sprang er auf, rieb sich wie wild die Hände, als wolle er nun Bäume ausreißen, und ließ sich dann erschöpft wieder auf seinen Sitz fallen. Unser damals Vierjähriger beobachtete dieses Verhalten mit großem Interesse. Dann stellte er - ganz ohne Bösartigkeit, sondern aus Wissensdurst - die Frage: "Charis, bist du vielleicht ein Trottel?" Es kostete mich Stunden, die freundschaftliche Beziehung der beiden wiederherzustellen.

Nachdem Charis nun einer "geregelten" Beschäftigung nachging, fanden wir, dass er jetzt auch heiraten könnte. Jeden Nachmittag in unseren Fängen, konnte er sich nicht mehr aus der Zwickmühle befreien. Er stimmte also zu! Der Grund für unsere Eile? Chará wurde fünfzig und war mit Volldampf ins Klimakterium gerast. Ihre Beschwerden waren durch ihre galoppierende Torschlusspanik erschwert. Fürchterliche Hitzewallungen, stundenlanges Erbrechen und erschreckende hysterische Anfälle, denen weder der Gynäkologe noch der Psychiater beikommen konnten.

Kaum war das Aufgebot bestellt, waren die angeführten Zustände wie weggeblasen. Wir stürzten uns mit Begeisterung in die Vorbereitungen. Mein Brautkleid wurde umgearbeitet, wir besorgten die in Tüll verpackten Zuckermandeln und bestellten den Blumenschmuck für die Kirche. Denn wir waren natürlich die Trauzeugen.

Nur der Bräutigam verfiel zusehends. Er wurde immer blasser und schmaler, sein Goldkronenlächeln verschwand vollkommen und er brach von Zeit zu Zeit in Tränen aus.

"Wie soll ich das vor meiner Mutter verbergen?"

"Gar nicht, sag's ihr doch, du bist schließlich schon zweiundvierzig!"

"Das trau' ich mich nie!"

So beschlossen wir also, die Hochzeit in Abwesenheit der Mutter durchzuziehen und diese dann hinterher vor vollendete Tatsachen zu stellen.

Die einzige seiner Familie, die ins Vertrauen gezogen wurde, war Tulla, seine jüngere Schwester. Obwohl sie die "Normalste" von allen war, stellte sie an unsere Chará eine merkwürdige Forderung. Erstens solle sie dringendst eine Kosmetikerin aufsuchen, da sie ja acht Jahre älter sei als die großartige Partie und zweitens dürfe sie die Ehe nicht vollziehen, bis die Mutter davon wisse. Um des lieben Friedens willen stimmte Chará grimmig zu, natürlich ohne sich an die gestellten Bedingungen halten zu wollen. Zur Belohnung versprach ihr Tulla, zur Hochzeit zu kommen und auch noch vor der Kirche Schmiere zu stehen, um im Falle des Verrats - es könnten ja die Mutter oder Maria Lunte gerochen haben und erscheinen - rechtzeitig vorzuwarnen. Auch der Pope war vorgewarnt. Wäre nun tatsächlich eine der beiden Furien während der heiligen Handlung aufgetaucht, hätte die ganze Hochzeitgesellschaft fluchtartig die Kirche verlassen und wäre in der Sakristei untergetaucht. Ein Bild für Götter!

Der Tag, ein strahlender Julitag, brach an. Mein Mann, der Trauzeuge, fuhr zu Charis Haus und wartete unter dem Fenster. Kaum hatte er gehupt, fiel ein Plastiksack mit dem Anzug des Bräutigams auf die Straße. Mein Mann warf ihn schnell ins Auto und fuhr wieder heim.

Am Nachmittag kam der Heißersehnte dann in unsere Praxis, so wie alle Tage. Währenddessen die Braut in meinem Schlafzimmer von der Friseuse auf Hochglanz gebracht wurde, versuchten der Trauzeuge und mein Schwiegervater den angehenden Ehemann seelisch aufzubauen. Erst auf die sanfte und liebevolle Art: "Wir kennen Chará schon seit ewigen Zeiten, einen besseren Menschen findest du nicht auf der ganzen Welt!"

"Ja, aber meine Mutter!"

"Die soll gefälligst froh sein, dass sie eine Schwiegertochter bekommt, die sich um euch alle kümmert!" Und: "Wovon willst du denn überhaupt leben, wenn du alt wirst; du wirst ohne Altersversorgung in der Gosse landen."

Am Schluss wurde es meinem Schwiegervater zu bunt: "Reiß dich endlich zusammen und benimm dich wie ein Mann! Heute gibt es kein Zurück mehr!"

Vor meinem wütenden Schwiegervater, der normalerweise immer die Ruhe und Güte in Person war, hatte Charis nun eine Heidenangst. Er versuchte, sich die Tränen zu verbeißen und begnügte sich mit der Miene des Opferlamms.

Die Kirche war nur ein paar Schritte entfernt. Dic beiden Männer nahmen den Helden vorsorglich in ihre Mitte, um ihn im Fluchtfall gleich dingfest machen zu können. Wir Frauen begleiteten Chará, die sich auch in einer sonderbaren Stimmung befand. Einerseits endlich am Ziel ihrer Wünsche, andererseits in Sorge, dass die gegnerische Verwandtschaft irgendeinen Coup planen könnte und auch ein bisschen traurig, dass ihre Eltern nicht dabeisein konnten. Die beiden alten Leute waren leider nicht reisefähig. Sie hatte sie brieflich vom freudigen Ereignis benachrichtigt, denn sie hatten kein Telefon.

Vor der Kirche war schon ein Menschenauflauf. Unsere Chará war ungemein beliebt in der ganzen Nachbarschaft. Alle waren gekommen: der Gemüsehändler, Ärzte, Rechtsanwälte, sogar die Straßenkehrer und selbstverständlich alle ihre entfernten Athener Verwandten. Von der Seite des Bräutigams war natürlich nur seine Schwester Tulla mit ihrer Familie anwesend.

Feierlich geleitete der Trauzeuge die Braut zum Altar. Der Bräutigam wurde von seiner absoluten Respektsperson, meinem Schwiegervater, auf seinen "Kalvarienberg" begleitet. Ob dort vorne ein Priester am Altar oder ein Henker neben dem Galgen auf ihn wartete, machte für ihn in diesem Augenblick wohl keinen Unterschied.

Trotzdem gelang es, seine Stimmung bei der griechischen Hochzeitszeremonie ein wenig aufzuheitern. Als beim "Tanz des Isaia" - das Brautpaar geht mit aneinandergebundenen Kränzen geschmückt dreimal um den Alter - Blütenblätter und Reis über das Brautpaar hagelten, erschien auch auf seinen Lippen ein zaghaftes Lächeln. Danach gleich wieder die Sorge: Was mache ich zu Hause, wenn aus meinem Anzug der Reis fällt?

Die Schwierigkeiten des Tages wollten aber nicht enden. Denn nun folgte das Hochzeitsessen. Der Trauzeuge hatte in einer netten kleinen Taverne der Nachbarschaft den Garten gemietet. Wie das so üblich ist, saßen an einer langen Tafel alle unmittelbar Beteiligten.

Das Essen war à la Carte. Chará fragte also ihren frischgebackenen Ehemann, was er denn gerne hätte. Er war aber in Gasthausbesuchen nicht geübt und hatte keine Vorstellung, was er da bestellen sollte. "Einen Braten", murmelte er mürrisch und bekam ihn auch. Groß war sein Staunen, als da plötzlich drei große Schnitten Fleisches mit Beilage vor ihm landeten. Er kannte nämlich nur gebratenes Fleisch am Spieß, so wie es überall hier bei den Souvlaki-Straßenlokalen üblich ist. Unfähig, diesen Trümmern beizukommen, saß er lange vor seinem Teller und gab vor, nicht hungrig zu sein. Zum Glück erkannte seine Frau das Problem, bemächtigte sich seiner Portion und schnitt alles schnell in kleine Stückchen. Damit war das Problem aber noch nicht aus der Welt geschafft. Links und rechts vom Teller lagen gefährliche Mordinstrumente - eine Gabel und ein Messer. Weit und breit kein Löffelchen! Endlich fand er eine Lösung: Er brachte seinen Mund auf die Höhe der Tischplatte und katapultierte mit erstaunlicher Geschicklichkeit das Fleisch mit dem Messer in den Mund. So gelang es ihm, ohne mit der gefährlichen Gabel in Berührung zu kommen, sein Mahl einzunehmen. Es ist wohl überflüssig zu sagen, dass einige der Gäste bei diesem Schauspiel die allergrößten Schwierigkeiten hatten, ernst zu bleiben.

Das Aufregendste sollte aber noch kommen: Nach einer Hochzeit gibt es bekanntlich auch eine Hochzeitsnacht. Das junge Ehepaar besaß keine Wohnung. In diesen Fällen ist es hier üblich, dass die Frischgetrauten ein Hotelzimmer nehmen. Genau das hatte auch unsere Chará vorbereitet. Nicht in irgendeinem billigen Stundenhotel, sondern in einem hübschen Mittelklassebetrieb. Freundlich gratulierte der Rezeptionist, als das elegante Brautpaar bei ihm antrat. Und sein Staunen war nicht gering, als die beiden nach einer Stunde ganz verweint wieder abzogen, er zu seiner Mutter und sie in ihr Dienstbotenzimmer hinter der Küche.

So konnte das nicht weitergehen. Um den Ehemann wider Willen aus den Fängen der Mutter zu reißen, musste eine Wohnung her. Mit ein wenig Glück gelang es uns, ganz in der Nähe ihres Arbeitsplatzes eine nette Zweizimmer-Wohnung zu finden. Ihre Ersparnisse wurden ein wenig von uns aufgestockt und unsere Chará war Besitzerin einer Eigentumswohnung! Gestählt mit neuem Selbstbewusstsein präsentierte sie der Schwiegermutter das Hochzeitsphoto. Wie nicht anders zu erwarten, spie diese Gift und Galle. Wie konnte "der Kleine" ihr so etwas antun!

Aber die Würfel waren gefallen. Er bekam Erlaubnis, ab und zu bei seiner Frau zu übernachten. Chará überließ aber nichts dem Zufall. Sie wallfahrtete zu einem Kloster, in dem ihr eine selbsternannte wundertätige Nonne für gutes Geld klitzekleine Apfelschnitzchen verkaufte, die sie in seine Unterwäsche einnähen sollte; das würde ihn unweigerlich in ihren Bann ziehen.

Langsam, ganz langsam vollbrachten die Äpfel - oder die Gewohnheit - ihr Werk. Irgendwann zog er ganz bei ihr ein, legte dafür aber seine Arbeit völlig nieder. Er war ja verheiratet. Chará fand das nicht so schrecklich - denn sie war es von ihrem Vater auch nicht anders gewohnt.

Obwohl sie den Auserwählten schon lange Jahre gekannt hatte, brachte das enge Zusammenleben noch manche Überraschung mit sich. So hörte sie eines Abends seltsame Geräusche aus dem Badezimmer und als sie schließlich fragte, ob sie helfen könne, erhielt sie eine wütende Antwort: "Ich finde keine Schere für's Leukoplast!"

Besorgt, er könne sich verletzt haben, stürzte sie ins Badezimmer. Das stand er, der Adonis, wie ihn Gott erschaffen hatte, mit einer Leukoplastrolle auf dem zugeklebten Nabel.

"Wie um alles in der Welt hast du dir denn den Nabel verletzt?"

"Gar nichts habe ich mir verletzt, aber ich muss mir doch den Nabel zukleben", winselte er verzweifelt.

"Ja warum denn, um Himmels Willen?!"

"Damit kein Wasser in die Bauchhöhle eindringt, natürlich!"

Alle Versuche, den Göttergatten über die Anatomie des Menschen aufzuklären, blieben zwecklos. Er bestand darauf, dass eine Schere zu den Utensilien im Toilettenschränkchen hinzugefügt werden musste.

Leider gibt es aber Leiden, die mit Leukoplast nicht zu beheben sind. Die Schwiegermutter stürzte und brach sich die Hand. In jeder anderen Familie wäre ein so simpler Bruch keine Affäre gewesen!

ein Besuch im Unfallspital, Gipsverband und nach ein paar Wochen ist die Sache vergessen. Nicht so hier. Die alte Frau legte sich einfach ins Bett und wartete auf ein Wunder. Charás Zureden fruchtete nichts. Die Schwiegermutter wurde immer schwächer, weil sie nach einem einmaligen Erbrechen von ihrer Tochter nur noch mit Tee versorgt wurde. Unsere Gute zückte also wieder die Brieftasche und holte einen Arzt. Dieser wollte seinen Augen nicht trauen. Da lag eine alte Frau seit Monaten mit einer gebrochenen Hand im Bett und verhungerte! Hilflos verschrieb er Vitamine und Kraftnahrung, als er feststellte, dass er es hier mit keiner alltäglichen Familie zu tun hatte.

Wie nicht anders zu erwarten, starb die Schwiegermutter bald darauf. Das gab ihren Hinterbliebenen nun wieder Gelegenheit, ein perfektes Begräbnis zu zelebrieren. Man (Chará) stürzte sich in enorme Ausgaben, bestellte Blumenschmuck für die Kirche und auch die Gedenkmesse nach vierzig Tagen ließ nichts zu wünschen übrig. Böse Zungen behaupteten, Chará hätte auch ihr letztes Hemd verkauft, um die Schwiegermutter sicher dort verwahrt zu wissen, wo sie nun war.

Man sollte meinen, dass Charás Leiden nun ein für allemal vorüber gewesen wären. Mitnichten. Da war ja noch die verwitwete Schwägerin. Die saß nun, wenn sie nicht gerade mit der Grabpflege beschäftigt war, in der Wohnung des Paares und kümmerte sich um ihren Bruder, den Chará, wie sie sagte, vernachlässigte.

Die Unsrige in ihrer unendlichen Gutmütigkeit duldete auch das. Um so mehr, als ihre Schwester nun drängte, sie doch endlich in Kanada zu besuchen. Sie kaufte also einen Koffer voll Geschenke ein und reiste über den Ozean. Eigentlich eine Heldentat, wenn man bedenkt, dass sie kein Wort einer anderen Sprache beherrschte und des lateinischen Alphabets nicht mächtig war.

Unser Tausendsassa schaffte auch dieses Abenteuer mit Bravour. Sie hatte nicht nur keinerlei Sprachschwierigkeiten, nein, sie brachte sogar eine ganze Menge neuer Vokabeln mit. Sie war allein ausgegangen und hatte Fatsi futsi (fast food) gegessen, Hotdokia (hot dogs) mit Check up (Ketchup) und war von ihrem Schwager mit dem Karo (car) chauffiert worden. Und sie hatte für halb Griechenland Geschenke mitgebracht.

Zu Hause erwartete sie eine unangenehme Überraschung. Ihre Schwägerin Maria hatte ihre Abwesenheit ausgenutzt, die eigene Wohnung aufgegeben und war endgültig bei ihr eingezogen. Chará war verzweifelt. Die große Schwester ihres Mannes hatte nämlich einige störende Eigenschaften, die das Zusammenleben ungemein erschwerten. Aus verschrobenem Schamgefühl vermied sie es, ihre Unterwäsche zu waschen und in Sichtweite ihres Bruders aufzuhängen. Dieser war fast immer zu Hause, so wusch sie ihre Wäsche gar nicht mehr und kaufte ständig neue. Das war für sie kein finanzielles Problem, denn nun fielen ja alle Ausgaben für Wohnen und Verpflegung weg - denn sie lebte ja "auf Besuch"!

Chará nahm an, dass die Schwägerin während ihrer Abwesenheit im Ehebett geschlafen hatte. So leicht hatte Chará dieses heilige Privileg aber nicht errungen, als dass sie es nun an die Schwägerin abgetreten hätte! Also überzog sie allabendlich eine Schlafcouch im Wohnzimmer für Maria. Eines Nachts brauchte Chará aber etwas aus diesem Zimmer. Lautlos und rücksichtsvoll schlich sie durch den dunklen Raum und stieß - wie es immer passiert, wenn man besonders leise sein will - an den Esstisch. Ein gütiger Gott verhinderte, dass unsere Ärmste nicht der Schlag traf. Denn unter dem Tisch ragten auf der einen Seite zwei Beine hervor und an der anderen Marias Kopf, komplett mit Haarnetz und Brille! Charás schriller Aufschrei weckte das vermeintliche Gespenst, das gar nicht begreifen konnte, wem die ganze Aufregung galt! Sie kroch nun, komplett bekleidet, unter dem Tisch hervor.

"Um Himmels Willen, Maria, warum schläfst du denn nicht im Bett?" Unsere Gute war noch immer fassungslos.

"Bevor meine Mutter erkrankte, schliefen wir beide immer unter dem Esstisch," war Marias nüchterne Erklärung.

"Aber ihr hattet doch ausreichend Betten im Haus!"

"Die haben wir nie benützt."

Chará schloss daraus, dass diese Familie das Bett einzig und allein als Sterbemöbel betrachtete. Nach diesem Vorfall war für die Unsrige das Maß aber voll. Nun musste etwas geschehen.

Glücklicherweise war auch der Ehemann und Bruder nicht vom Zusammenleben zu dritt begeistert. Chará fand eine kleine Wohnung im selben Haus und mietete sie für die Schwägerin. Nun konnte diese ihre “unmoralische” Unterwäsche aufhängen, verbrachte und verbringt aber noch immer den ganzen Tag in Charás Wohnung. Unsere Gute nimmt auch das mit Engelsgeduld hin. Sie tut noch viel mehr. In der schönen Jahreszeit nimmt sie Maria zu Ausflugsfahrten mit der Pfarre mit, kümmert sich um die ärztliche Versorgung ihrer beiden Schützlinge und erledigt alle Amtswege, obwohl ihr das bestimmt kein Leichtes ist. Mit ihren drei Volksschulklassen hat sie es geschafft, dem faulen Ehemann eine Rente nach ihrem Ableben zu sichern, was hier sehr ungewöhnlich ist; auch erhält sie mit ihrem kleinen Einkommen das Haus der Eltern auf Lesbos, um es ihrer kanadischen Nichte in tadellosem Zustand zu vererben.

Obwohl sie schon ihr siebzigstes Lebensjahr erreicht hat, arbeitet sie noch immer. Sie sieht aus wie sechzig und wird, wie wir von ganzem Herzen hoffen, noch sehr lange leben. Denn solange es Menschen gibt wie sie, wird diese Welt vielleicht doch noch ein besserer Platz.

Hochzeit in Ano Anogia

“Servus, ich bin’s, Renate!”

Aha, ein Anruf aus Wien.

“Servus Renate, wie geht’s dir denn?” - Ich freue mich über die Stimme meiner alten Freundin, Fünfzigerin wie ich, zwei erwachsene Töchter, geschieden.

“Wunderbar! Ich heirate wieder!”

Jetzt muss ich mich erst einmal hinsetzen. Davon hatte ich nichts gewusst.

“Gra- gra- gratuliere!”

Ich versuche, meiner Stimme einen fröhlichen Ton zu geben. Schnapsidee, in unserem Alter noch einmal zu heiraten! Na ja, mein Problem ist es ja nicht, denke ich. Die wahre Schnapsidee kommt aber erst.

“Wir heiraten in Griechenland! Ist das nicht wunderbar?!”

“Jaaaaa, herrlich!” Mir schwant Schreckliches. “Ist das überhaupt möglich?”

“Klar, was denkst du denn! Wir sind doch in der Europäischen Union. Kannst du bitte so lieb sein und dich für mich erkundigen, welche Papiere dazu nötig sind?”

Einer guten Freundin kann man keine Bitte abschlagen und sei sie noch so ausgefallen. Also rufe ich im Athener Standesamt an - und siehe da, ich erhalte prompt die erbetene Auskunft. Gar kein Problem, sagt die freundliche Dame, innerhalb der EU kann jeder jeden überall heiraten. Es reiche völlig aus, wenn die amtlich beglaubigte Übersetzung der jeweiligen Geburtsurkunden und ein Nachweis der Staatsbürgerschaft drei Wochen vor dem Hochzeitstermin eingereicht werden. Unverzüglich gebe ich diese erfreulichen Informationen telefonisch an die Braut weiter.

“Alles in Ordnung”, schließe ich, “lass also die Übersetzungen rechtzeitig anfertigen, dann werden wir euch ja auch bald in Athen sehen.”

Wir haben Juni und meine logische Folgerung ist, dass die beiden ihre Hochzeit mit dem Sommerurlaub verbinden wollen.

“Sobald der Papierkram erledigt ist, kommen wir - aber nicht nach Athen. Wir heiraten nämlich in Ano Anogia.”

“Wooooooooooo?”

“Na, in Ano Anogia auf Kreta!”

“Ja, ja, ich weiß schon wo das ist.” - Ich habe natürlich keine Ahnung! - “Aber gibt es dort überhaupt ein Standesamt?”

“Jeder Bürgermeister darf eine Trauung vornehmen, hast du das nicht gewusst?”

Ich hatte es nicht gewusst, ich heirate ja nicht jeden Tag.

Kaum ist der Hörer aufgelegt, konsultiere ich den Atlas. Da ist nichts zu finden. Also ein Blick auf die Straßenkarte von Kreta. Und da ist Ano Anogia! Ein Bergdorf in respektvoller Entfernung von Heraklion! Eine schmale Straße mäandert zum Dorf hinauf. Wie, um aller Heiligen Willen, war sie auf dieses gottverlassene Nest gekommen? (1)

Die Sommerferien kommen und gehen, der September zieht ins Land.

“Servus, Melitta!” Anruf aus Wien? Es ist Samstagabend.

“Servus, Renate! Was gibt es Neues?”

“Wir sind in Ano Anogia! Irgendwas ist ein bisschen schief gelaufen, wir finden keinen Standesbeamten. Bitte sprich einmal mit diesem Herrn!”

“Kalispera”, (2) höre ich eine raue Männerstimme.

“Ja, hallo, sind Sie vom Standesamt?”, frage ich ein bisschen dämlich.

“Ach was, ich bin der Cafetier von Ano Anogia. Ich kann zwar ein bisschen Deutsch, aber ich kann trotzdem nicht ganz verstehen, was die beiden hier wollen.”

Kein Wunder, ich verstehe es ja auch nicht.

“Die beiden wollen in Ano Anogia heiraten!”

“Am Samstagabend?”

“Nicht doch, wahrscheinlich nächste Woche. Ich nehme an, dass sie sich für die Trauung erst mal anmelden wollten.”

"Im Kaffeehaus?", lacht der Wirt. Der Unmensch amüsiert sich auf unsere Kosten.

"Na, im Standesamt."

"In welchem Standesamt? Das gibt es bei uns nicht. Und wenn sie die Bürgermeisterin meinen, die kommt vielleicht am Montagmorgen."

"Hat die kein Telefon? Kann ich sie vielleicht anrufen?"

"Keine Ahnung, die wohnt nicht in Anogia."

"Bitte geben sie mir wieder meine Freundin an den Apparat! - Renate, heiraten könnt ihr erst nächste Woche, die Bürgermeisterin ist jetzt nicht da."

"In Ordnung, aber spätestens bis Dienstag muss das klappen, denn meine Töchter haben nur bis Mittwoch Urlaub."

Ich bin sehr im Zweifel.

"Hast du die Dokumente rechtzeitig eingereicht?"

"Das war kein Problem, das hat der Grivas vom Übersetzungsbüro in Wien mittels Fax für mich erledigt."

Jetzt wird mir bang. Ich kenne Grivas. Ein genialer Grieche, hochbegabter Sprachwissenschaftler, aber ohne jeden Bezug zur Wirklichkeit.

"Macht euch ein schönes Wochenende und ruft mich am Montag wieder an. Seid aber zeitig in Anogia, nicht wieder erst am Abend!"

Montagmorgen. Das Telefon klingelt. Die mir schon bekannte raue Stimme des Cafetiers wünscht "Kalimera" und übergibt an meine Freundin.

Sie klingt ein wenig verzweifelt: "Wir haben die Bürgermeisterin nicht gefunden. Was sollen wir tun?!"

"Gib mir wieder den Cafetier!" bitte ich sie. Sie tut wie geheißen.

"Können Sie mir bitte die Telefonnummer des Gemeindeamtes geben?"

"Ja, Moment, da ist sie; ich glaube aber nicht, dass irgendein Zuständiger dort ist."

Ich lege auf und rufe im Gemeindeamt an.

"Oriste!" (3), meldet sich eine Frauenstimme.

“Kalimera, ich bin eine Freundin des Paares, das in Kürze zu Ihnen kommen wird. Wie Sie sicher schon wissen, dreht es sich um das Paar aus Österreich, das bei Ihnen heiraten will.”

“Wie? Was? Ich weiß nicht wovon Sie sprechen.”

“Aber haben Sie denn nicht das Fax erhalten?”

“Welches Fax?”

Mir kommen Zweifel, ob es in Ano Anogia überhaupt ein Fax-Gerät gibt.

“Na, das Fax von Herrn Grivas aus Wien mit den übersetzten Dokumenten.”

“Da müssen Sie sich irren. Ich habe keine Ahnung davon. So etwas wäre mir bestimmt aufgefallen.”

Ich rufe Grivas in Wien an.

“Natürlich”, beschwichtigt mich dieser. “Es ist alles längst erledigt. Ich habe auch mit der zuständigen Dame in Anogia gesprochen. Anfang August war das.”

Wem soll ich nun glauben?

Also wieder Ano Anogia.

“Herr Grivas hat mir versichert, dass er nicht nur das Fax geschickt hat, sondern auch mit Ihnen Anfang August über die Angelegenheit gesprochen hat.”

“Anfang August war ich in Urlaub. Aber ich werde die Dame, die mich damals vertreten hat, fragen. Rufen Sie bitte in einer Stunde zurück, meine Kollegin ist noch nicht da.”

Ich rufe wieder bei Renate an. Sie ist schon ganz schön aufgeregt. Ich vertröste sie auf eine Stunde.

Eine Stunde später. Erneutes Gespräch mit dem Amt.

“Ja bitte, Sie sprechen mit Frau Papadaki.”

“Kalimera, Frau Papadaki. Können Sie sich an Ihr Telefongespräch Anfang August mit Herrn Griva erinnern?”

“Ja, ja, aber von einem Fax weiß ich nichts. Aber warten Sie, wir haben da nämlich ein kleines Chaos. Vielleicht ist doch irgendwas da.” Sie sucht. “Nein, definitiv nichts. Vielleicht hat er das Fax nach Heraklion geschickt. Dort ist die zuständige Behörde. Hier kann sowieso nicht geheiratet werden.”

Jetzt bin ich baff.

“Aber Sie haben doch eine Bürgermeisterin in Ano Anogia!

Jeder Bürgermeister kann eine Eheschließung vornehmen", kontere ich, als hätte ich das schon immer gewusst.

"Unsere ist nur eine amtsführende Bürgermeisterin. Sie ist zuständig für mehrere Dörfer. Eine amtsführende Bürgermeisterin darf keine Trauungen durchführen."

Das wird ja immer besser.

"Und wie heiratet ihr denn bei euch im Dorf?"

"In der Kirche natürlich!"

Das ist wahr. Die standesamtliche Hochzeit ist in Griechenland nicht populär und in der tiefsten Provinz schon gar nicht.

"Rufen Sie Frau Rigaki vom Standesamt Heraklion an, vielleicht weiß die etwas!" Frau Papadaki gibt mir eine neue Telefonnummer.

Frau Rigaki ist schon informiert. Die Kunde von zwei verrückten Ausländern, die in einem abgelegenen Bergdorf heiraten wollen, hat sich wie ein Lauffeuer über Kreta verbreitet.

"Ich versichere Ihnen, dass wir hier keine Dokumente erhalten haben. Außerdem wären Fax-Kopien ohnedies nicht rechtskräftig. Die Sachen hätten per Post geschickt werden müssen. Haben die Leute nicht die Originale mitgebracht?"

Hoffnung blüht in mir auf.

"Ja, selbstverständlich."

"Na dann ist das ja kein Problem. Dann können sie in drei Wochen hier heiraten."

"Um Himmels Willen, nein, das muss bis morgen erledigt sein, die Leute haben nur bis übermorgen Urlaub."

In jedem anderen europäischen Land wäre hier die Diskussion zu Ende gewesen. Vorschrift ist Vorschrift. Aber hier ist Liebe noch ein starkes Argument. Ich erzähle der Standesbeamtin eine tränenrührige Geschichte von den alten Eltern des Brautpaares, die vor ihrem baldigen Ende die beiden im Hafen der Ehe wissen wollen - vom Bräutigam wusste ich nicht mehr als seinen Namen - und von den Brautleuten, die in heißer Liebe zu Griechenland nur hier und nirgendwo sonst auf der Welt den Bund fürs Leben schließen möchten.

"Ich kann Ihnen nichts versprechen, aber ich will sehen,

was ich tun kann. In Anogia können die zwei leider nicht standesamtlich heiraten, aber vielleicht geht es in Heraklion. Bringen Sie das dem Paar bitte schonend bei!" Die Beamtin spricht mit zitternder Stimme. Meine Schnulze hat sie zu Tränen gerührt. Überflüssig zu sagen, dass nun auch mir die Tränen kommen.

Ich teile Renate die Neuigkeiten mit.

"Schaut, dass ihr schleunigst nach Heraklion kommt, damit ihr die Papiere einreicht. Dann könnt ihr vielleicht dort heiraten. Wäre das in Ordnung?"

Die Schwierigkeiten haben die beiden gefügig gemacht:

"Wunderbar, das wäre herrlich! Wir fahren gleich los." Auch sie hat anscheinend Tränen in den Augen. Recht so, eine ordentliche Hochzeit ohne Tränen gibt es nicht.

"Beeilt euch, denn die Standesbeamtin muss eure Dokumente noch bis Mittag an irgendwelche Stellen weiterleiten!"

Zwei Stunden später rufe ich wieder in Heraklion an.

"Die beiden sind ja süß", gesteht die Beamtin. "Es klappt, ich habe Himmel und Hölle in Bewegung gesetzt, dass sie morgen heiraten können. Sagen Sie ihnen das bitte? Morgen punkt zwölf hier in Heraklion!"

Ich traue dem Frieden noch nicht. Aber vielleicht gibt es doch noch so etwas wie Ämter mit Herz?

Am Dienstag um ein Uhr mittags ein Anruf meiner Freundin:

"Wir sind verheiratet! Tausend Dank dir und den griechischen Behörden! Wir sind ja so glücklich!"

Somit hatten sich nicht nur zwei Menschen für (hoffentlich) immer gefunden, nein, es war das große Wunder geschehen, dass sich Behörden über trockene Bestimmungen hinweggesetzt und der Menschlichkeit den Vorrang gegeben hatten.

Für das Dorf Anogia habe ich mich im Nachhinein sehr interessiert. Es muss wirklich paradiesisch sein. Wunderschön gelegen, am Fuße des Psiloritis, des höchsten Berges Kretas, ein Ort der Kunsthandwerker und Sänger, ohne Massentourismus. Und zu meiner Schande muss ich weiter gestehen, dass ich erst später erfuhr, dass Anogia berühmt ist für seinen “Choriátiko Gámo”, also seine Bauernhochzeit! Einmal im Jahr wird dort eine Showhochzeit zelebriert, die sich großer Medienpopularität erfreut. Davon mussten unsere Freunde gehört haben, deshalb wohl die Wahl für diesen Ort. Und so winzig, wie der Ort auf der Karte aussieht, ist er auch nicht. Man kann dort ohne weiteres ein paar herrliche Tage verbringen, ohne auf irgendeine zivilisatorische Annehmlichkeit verzichten zu müssen.

Einziger Nachteil: Man kann dort nicht heiraten.

Noch eine schwierige Hochzeit

Was geschieht, wenn nun der Spieß umgedreht wird und ein Grieche außerhalb seiner Heimat, beispielsweise in Österreich, den Bund fürs Leben schließen möchte?

Ganz einfach, er reicht seine Papiere beim zuständigen Standesamt ein, dazu die amtlich beglaubigten Übersetzungen, versteht sich.

Der Standesbeamte des Gastlandes durchpflügt die Dokumentenflut einmal, noch einmal, ein drittes Mal und stellt ungläubig fest, dass nirgendwo ein Geburtsdatum erscheint.

"Tut mir leid, wir brauchen ein Geburtsdatum; lassen Sie sich von Ihren Verwandten eine standesamtliche Geburtsurkunde schicken."

Der ehewillige Hellene zieht unverrichteter Dinge wieder ab. Bis dieser Schein, der bis dato in der griechischen Bürokratie noch nicht vorgesehen war, ankommen mag, würde bestimmt eine kleine Ewigkeit vergehen. Aber er hat ja seinen Pass! Der ist ein international anerkanntes Dokument und da er in verschiedenen Sprachen ausgefertigt ist, braucht er nicht einmal übersetzt zu werden. Er hat nur den kleinen Schönheitsfehler, der allen griechischen Dokumenten anhaftet: Er enthält ebenfalls kein exaktes Geburtsdatum, nur einen Vermerk über das Geburtsjahr. Nun, in Griechenland ist das genaue Geburtsdatum unwichtig; wichtig sind nur die Namenstage. Knaben werden in Hinsicht auf den Militärdienst (1) - auch wenn sie noch keine drei Kilo wiegen - sofort in das Männerregister eingetragen. Für die Einberufung ist nur das Geburtsjahr wichtig. Und bei Mädchen? Da wird nach Lust und Laune herumgebessert.

Der Heiratswillige wandelt also mit diesem Ausweispapier zum Konsulat seiner Heimat. Hier herrscht familiäre Atmosphäre. Der Antragsteller ist seit vielen Jahren eine vertraute Person, die sich allgemeiner Wertschätzung erfreut. Warum soll man also seinem Ansuchen um die nachträgliche Eintragung eines

Geburtsdatums in den Pass nicht stattgeben? Der Heiratskandidat nennt den 25. März als Eintrittsdatum in diese Welt und der gutgläubige Beamte vermerkt diese Information im Pass. Der 25. März mag für den Rest der Welt ein Tag wie jeder andere sein, aber nicht für die Griechen. Es ist ein hoher religiöser und politischer Feiertag. Nirgendwo steht aber geschrieben, dass an so einem wichtigen Tag keine Kinder geboren werden können. Und unser Mann erinnert sich, dass er als Kind jedes Jahr um diesen Tag herum auch Geburtstag gefeiert hat.

Der stolze Besitzer eines Passes mit Geburtsdatum eilt unverzüglich aufs Standesamt in der Hoffnung, dass nun dem Aufgebot nichts mehr im Wege stünde. So einfach ist das aber nicht. Der Standesbeamte erklärt sich immerhin bereit, das Geburtsdatum in die Antragsformulare einzutragen, rechtskräftig würden die Papiere aber erst dann werden, sobald er auch einen Schein vom Athener Standesamt in Händen halte.

Ungeduldig ruft der junge Mann seinen Vater in Athen an.

"Keine Sorge, ist schon so gut wie erledigt", vertröstet ihn der Vater. "Ich schicke dir einen Auszug aus dem Männerregister von Athen."

Wenige Tage später trifft der ersehnte Expressbrief ein. Doch was ist auf dem Dokument zu lesen: "Hiermit wird bestätigt, dass der Knabe ..... am 2.4.19.. in Athen geboren und in das Männerregister eingetragen wurde."

Der Bräutigam fällt aus allen Wolken. Was heißt da 2.4.? Hatte er 35 Jahre lang seinen Geburtstag am falschen Tag gefeiert?

Empörter Anruf nach Athen: "Um Himmels Willen, Papa, da ist irgendwo ein Fehler - ich kann doch nicht am 2. April geboren sein!"

"Bist du auch nicht," beruhigt ihn die sonore Stimme des Vaters, "aber an deinem tatsächlichen Geburtstag hatte ich wirklich keine Zeit, dich anzumelden. Ich erledigte das nach dem Wochenende. Und weil es damals bei Geldstrafe Gesetz war, das Kind am Tag der Geburt eintragen zu lassen, habe ich das Datum ein bisschen manipuliert."

Alles schön und gut, wie aber soll man das einem österreichischen Standesbeamten erklären?

Unser Heiratswilliger könnte sich die Haare raufen: Hätte er doch wenigstens den Reisepass in Ruhe gelassen!

Das Brautpaar macht sich also auf zu einem Canossagang aufs Standesamt. Wie nicht anders erwartet, ist das Staunen des zuständigen Beamten groß. Glücklicherweise hält sich das Malheur aber in Grenzen, denn ein ausländischer Reisepass ist kein allzu ernst zu nehmendes Dokument. Und schließlich machen die beiden auch keinen beunruhigenden Eindruck. Sie können eine geregelte Beschäftigung und einen ständigen Wohnsitz nachweisen, offensichtlich handelt es sich hier nicht gerade um eine Neuauflage von Bonnie und Clyde.

Und so wird nun das falsche Geburtsdatum auch von einem zweiten europäischen Staat bestätigt und abgesegnet. Die standesamtliche Trauung kann stattfinden. Für den österreichischen Standesbeamten ist die Angelegenheit damit abgeschlossen. Aber nicht für das junge Ehepaar.

Es lässt der amtlichen Trauung die kirchliche in Athen folgen. Weder Kirche noch Staat interessieren sich in Griechenland für das falsche Geburtsdatum: Die geistliche Obrigkeit nicht, weil sie über solcherlei profanen Dinge erhaben ist und die staatliche nicht, weil der Militärdienst des Ehemanns schon abgeleistet war. So weit so gut. Die Zeit verstreicht, der Frühling zieht ins Land und mit ihm der März. Gegen Ende des Monats beginnt die junge Frau mit den Vorbereitungen für das Geburtstagsfest des Gatten. Doch welch ein Schreck, als die Schwiegereltern schon am 24. März geschenkbeladen vor der Türe stehen und die Schwiegertochter ins peinliche Verhöhr nehmen: “Hast du nichts vorbereitet? Wo ist die Torte?”

Die Angesprochene lächelte nachsichtig. Die alten Herrschaften sind scheinbar schon etwas vergesslich.

“Heute ist doch erst der 24.!”, rechtfertigt sie sich.

“Na eben, weißt du denn nicht, wann dein Mann geboren ist?”, kontert die Schwiegermutter.

Hier droht die junge Frau auszurasten. Wer wagt es hier, über Geburtsdaten zu diskutieren?!

Ihr Gatte eilt ihr zu Hilfe. “Weißt du”, beschwichtigt er seine Mutter, “ich bin in der Nacht vom 24. zum 25. geboren. Deshalb habe ich mich für den 25. entschieden, der ja ein viel attraktiveres Datum darstellt.”

Die Mutter, die vermutet, dass er nur seine Frau vor ihrem Zorn schützen will, protestiert: “Wir haben deinen Geburtstag immer am 24. gefeiert. Und ich muss es schließlich am besten wissen, wann du auf die Welt gekommen bist!”

Diesem Argument ist nichts entgegenzuhalten. Doch der Streit wird rasch gütlich beigelegt, denn die Schwiegertochter schlägt nun ein interessantes Spiel vor: Jeder solle sein Geburtsdatum nennen. Die Mutter findet das gar nicht lustig - sie hat nämlich gar keines. Den Monat weiß sie noch ungefähr, an das Jahr kann sie sich partout nicht erinnern. Der Schwiegervater nennt ein Datum, das späteren Nachprüfungen nicht standhält.

Die Familie einigt sich schließlich darauf, dass das Geburtsdatum jedermanns Privatsache sei. Man ist so alt, wie man sich fühlt. Und der genaue Zeitpunkt? Das geht doch keinen etwas an. Schließlich und endlich wird ja auch keiner gefragt, ob und wann er zur Welt kommen will. Da wäre es doch ausgesprochen undemokratisch, jemandem den Wunsch nach einem besonderen Geburtstag zu versagen! (2)

Tränenreicher Hochzeitstag

November 1973. Das Land, in dem die Demokratie erfunden worden war, wurde seit dem Putsch der Obristen unter Georgios Papadopoulos schon sechs Jahre lang vom Militär regiert. Da das Regime unser Privatleben kaum tangierte, nahmen wir es nicht sonderlich ernst, ja wir sahen in ihm eher eine "Operettendiktatur" (1). Erst vor kurzem aus dem politisch ereignisarmen Mitteleuropa nach Athen gekommen, erschienen uns die griechischen Verhältnisse gewissermaßen "wildromantisch".

Wir hatten genau vor einem Monat geheiratet und so planten wir ein Abendessen mit Freunden (2), darunter dem Bischof, der uns getraut hatte und ein Jugendfreund meines Mannes war. Es war das erste Mal, dass wir in unserem gemeinsamen Haushalt Gäste empfangen würden und deshalb wollten wir uns auch ganz besonders bemühen. Ein erstklassiges Essen, ein schön gedeckter Tisch und leise Barockmusik zur Untermalung. Stimmungsvoll, aber nicht aufwendig. Der Mittelpunkt des geselligen Beisammenseins sollten ja unsere Freunde sein.

Doch irgendetwas beunruhigte mich: Die Atmosphäre in unserem Stadtviertel wirkte seit ein paar Tagen angespannt.

Unsere Wohnung lag ziemlich genau zwischen dem Polytechnikum und der Hochschule für Welthandel. Die Studenten der Welthandelshochschule demonstrierten für bessere Studienbedingungen, weshalb ihnen von der Polizei der Eingang in ihr Institut verwehrt wurde. Eine kleine, recht harmlos erscheinende Gruppe begab sich daraufhin zur Technischen Hochschule, wo sie mit einer ebenso gemäßigten Abordnung von Jurastudenten zusammentraf. Das Polytechnikum ist in einem wunderschönen Bautenkomplex im klassizistischen Stil untergebracht, umgeben von einer hohen eisernen Umzäunung. Viele der Demonstranten zogen in das Gebäude; einige postierten sich davor auf der breiten Patission-Straße. Alles war friedlich; es wurde gesungen, nur ab und zu wurden schüchtern einige Parolen gerufen. Es gab nicht einmal Transparente.

Seltsamerweise unternahm die Polizei nun nichts mehr, was zu jener Zeit - wir hatten ja eine Militärdiktatur - schon etwas eigenartig war.

Auch am zweiten Tag tat sich nicht viel. Lediglich die Anzahl der Demonstranten verdoppelte sich.

Am dritten Tag - dem Tag, an dem unser Fest stattfinden sollte - war die breite Straße voll mit Demonstranten. Unter die Studenten hatten sich auch viele Menschen reiferen Alters gemischt. Nun standen nicht mehr die studentischen Anliegen im Vordergrund, immer öfter war die Forderung nach Demokratie zu hören. Wir überlegten, ob wir unser kleines Fest absagen sollten. Aber warum? Es ging doch recht friedlich zu und die Verkehrswege außerhalb der Patission-Straße waren frei und benutzbar. Unsere Gäste würden uns ohne Schwierigkeiten erreichen können. Dennoch blieb ein mulmiges Gefühl.

Und tatsächlich: Gegen Abend änderte sich die Situation. Die Volksmasse und die Polizei, beide Gruppen übernächtigt und enerviert, gerieten sich in die Haare: Die Polizei setzte Knüppel ein, die Demonstranten warfen Steine. Wo hatten sie hier im Asphaltparadies die Steine her? Die ersten Sirenen waren zu hören. Die Demonstranten errichteten Barrikaden aus geparkten Autos und zündeten auf den Straßen kleine Feuer an.

Unsere ersten Gäste trafen ein. Abgehetzt, mit tränenden Augen vom beißenden Rauch der Brände. Vom Balkon verfolgten wir nun die Ankunft weiterer Freunde. Es war ein Spießrutenlaufen zwischen wütenden Demonstranten und prügelnden Polizisten. Aber unsere Freunde schafften es, unbehelligt unser Haus zu erreichen.

Wir beschlossen uns zu Tisch zu setzen. Nachdem sich die Regierung drei Tage lang zurückgehalten hatte, nahmen wir an, dass ihr an einer Eskalation nicht gelegen war und es bei den beobachteten Handgreiflichkeiten bleiben würde (3). Aber gefehlt! Der Lärm auf den Straßen nahm zu. Schon nach dem ersten Gang war uns klar, dass es mit unserem stimmungsvollen

Abendessen nichts werden würde. An ein lockeres Tischgespräch war nicht zu denken.

Wir stellten das Radio an und trauten unseren Ohren nicht. “Hier spricht die Technische Hochschule, der freie Sender der Technischen Hochschule!”, hörten wir eine atemlose, jugendliche Stimme. Das war ein Piratensender! Da die Medien fest in der Hand der Regierung lagen, war das eine Sensation! (4)

Wir liefen immer wieder auf den Balkon. Am laufenden Band trafen neue Polizeieinheiten ein. Vor unserem Haus entwickelte sich eine wilde Schlägerei. Zwei Polizisten hieben mit Knüppeln auf ein junges Mädchen ein und stopften es dann in den Kofferraum ihres Streifenwagens. Der Bischof auf unserem Balkon tobte: “Schande! Skandal!” Wir mussten ihn mit Gewalt ins Haus befördern und daran hindern, auf die Straße zu laufen. Die rasenden Gesetzeshüter hätten selbst vor seiner Soutane nicht Halt gemacht.

Mittlerweile brannten nicht nur die kleinen Feuer, sondern auch einige geparkte Autos. Unter die Demonstranten hatten sich zwielichtige Gestalten gemischt, die Schaufenster zertrümmerten und Geschäftsauslagen plünderten. Es wäre logisch gewesen, nun Wasserwerfer einzusetzen. Man hätte die Menge damit auseinandergetrieben und vielleicht auch gleich die Feuer gelöscht. Doch das war nicht im Sinne der Obrigkeit. Anstatt mit Wasser wurde jetzt mit Tränengasbomben geschossen. Vollkommen erfolglos. Die nun halbblinden Demonstranten wurden nur noch wütender.

Wir verschlossen rasch alle Türen, doch das Tränengas kam durch jede Ritze. Die hübsch zurechtgemachten Damen unserer kleinen Gesellschaft sahen bald aus wie Zombies: Die schwarze Schminke floss ihnen in Bächen von den Augen. Über den Radiosender des Polytechnikums kam die Bitte, den Demonstranten Zitronen zuzuwerfen. Angeblich helfe der Zitronensaft und -geruch gegen die Wirkung des Tränengases. Also schnell alle im Haus befindlichen Zitronen aufgeschnitten und hinuntergeworfen! Auch von den Balkons der Nachbarschaft ergoss sich ein Zitronenhagel.

Wir probierten dieses Rezept auch an uns aus. Vielleicht mag es wirklich helfen, wenn aber immer neues Tränengas verströmt wird, versagt ein solches "Hausmittel". Nachdem wir zwei Stunden der "Gasbehandlung" ausgesetzt gewesen waren, wurde die Luft etwas besser und wir wagten uns wieder zu Tisch. Es war Mitternacht geworden und unsere Mägen knurrten. Appetitlos würgten wir das mittlerweile kalt und unansehnlich gewordene Essen hinunter. Kein Tischgespräch, nur das Radio mit dem Piratensender.

Plötzlich ein ganz neues Geräusch von draußen! Ein eigentümliches Quietschen und Rasseln, dann schweres Dröhnen. Wir rasten auf den Balkon: Durch unsere Straße fuhren Panzer! Ich kannte diese Kettenungeheuer bisher nur aus Filmen. Unheimlich richteten sich die Kanonen der Fahrzeuge mal in unsere Richtung, dann auf die andere Straßenseite. In der Öffnung des Trumms stand ein Soldat, der mit dem Gewehr in die Luft schoss. Wir dachten, es seien Platzpatronen oder Gummigeschosse. Die Tage darauf wurden wir eines Besseren belehrt: Alle Häuser, auch das unsere, zeigten Einschüsse. Und wir waren sorglos auf dem Balkon gestanden!

Die Panzer positionierten sich nun auf dem Platz vor dem Polytechnikum. Im Radio flehte der Sprecher der Studenten: "Soldaten, wenn ihr uns hören könnt, greift uns nicht an! Wir sind eure Brüder und Schwestern! Respektiert das akademische Asylrecht!"

Die Panzer standen tatsächlich still, nur ihre Türme drehten sich bedrohlich hin und her. Die Demonstranten hielten sich, so gut es ging, außerhalb ihrer Reichweite und bewarfen sie mit allerhand Schutt, mit dem die Straße schon dicht übersäht war. Ich dachte unwillkürlich an den albernen Witz mit dem Elefanten, der von Ameisen bekämpft wird.

Wir wussten nicht, ob die Panzerbesatzung keine weiteren Befehle erhalten hatte, oder einfach nur unschlüssig war. Mit fortschreitender Stunde begannen die nutzlos mit ihren Türmen wackelnden Riesen blödsinnig zu wirken. Aber das Lachen verging uns schnell: Plötzlich änderte einer der Panzer seine Position - und fuhr direkt auf das großc cisernc Tor des Polytechnikums zu!

Dahinter standen dichtgedrängt die Demonstranten! Sie weigerten sich, das Tor zu öffnen. Das Ungetüm aber fuhr weiter und walzte das Portal einfach nieder! Hinter dem Panzer stürmte die Polizei das Areal der Hochschule. Vergitterte Gefängnisbusse fuhren heran und die Demonstranten wurden hineingeknüppelt. Aus dem Radio tönte noch ein letztes Mal: “Hier ist der freie Sender des Polytechnikums! Unsere Station wird soeben gestürmt!” Danach verstummte der illegale Sender für immer.

Es war fünf Uhr früh. Die Panzer rasselten endlich davon. Die Straße vor unserem Haus aber war eine rauchende und stinkende Wüste. Wir schalteten den Fernseher ein. Lakonisch informierte ein Nachrichtensprecher, dass ab 7 Uhr früh bis auf weiteres Ausgangssperre gelte. Unsere Gäste verließen uns fluchtartig, um noch rechtzeitig nach Hause zu kommen.

Ob es unter den Demonstranten Verletzte oder gar Tote gegeben hatte, erfuhren wir damals natürlich nicht. Lediglich von verletzten Polizisten war die Rede. Auch heute, dreißig Jahre später, ist nicht klar, wie viele Opfer die Unruhen gekostet hatten. Man spricht von einem bis 23 Toten. Bei einer jährlichen Gedenkfeier wird der Tod eines Studenten betrauert.

Wie es weiterging? Es wurde eine trostlose Zeit. Der Belagerungszustand und ein Ausgehverbot von 8 Uhr abends bis 8 Uhr morgens wurden verhängt. Menschenansammlungen von mehr als 5 Personen waren verboten. Eine größere Familie konnte sich also nicht geschlossen auf die Straße begeben. Wenn überhaupt, dann hatte der Zustand nur eine positive Folge: einen Babyboom im nächsten Sommer.

Einen Monat darauf, im Dezember des gleichen Jahres, weckte uns ohne Vorwarnung das unheimliche Rasseln und Dröhnen der Panzer. Wir stürmten auf den Balkon und freuten uns: Dieses Mal fuhren sie stadteinwärts! Das war eindeutig: Der Diktator wurde gestürzt - leider aber nur von einem anderen. Immerhin, die Panzer kehrten nach diesem Putsch sofort wieder in ihre Kasernen zurück.

Die Diktatur endete erst mit dem Zypernkrieg 1974 (5). Unter tosendem Beifall kam danach Konstantin Karamanlis aus seinem Pariser Exil zurück und mit ihm nach und nach alle anderen Politiker, rechte und linke, teils aus dem Ausland, teils von den Gefängnisinseln. Jetzt erst durften wir es erfahren: Die Zustände in diesen Gefängnissen waren mittelalterlich gewesen; Folterungen keine Seltenheit.

Der Diktator Georgios Papadopoulos wurde wegen Hochverrats verurteilt und ist mittlerweile im Gefängnis gestorben. Er hatte bis zu seinem Ende geglaubt, ein Held und Martyrer Griechenlands gewesen zu sein.

Für die Obristen war im Sommer 1974 also alles vorbei. Nicht so für uns. Nachdem wir unsere Karriere als Gastgeber im wahrsten Sinne des Wortes mit einem Knalleffekt begonnen hatten, sahen wir uns in der Folge außerstande, dieses "sensationelle" Abendessen zu überbieten. Um ganz ehrlich zu sein: Wir haben auch nicht die geringste Lust dazu!

Gleichberechtigung

Man sollte annehmen, die Griechin sei unteremanzipiert, denn sie existiert eigentlich nur im Genitiv.

Ein griechischer Name besteht aus mindestens drei Teilen: dem Taufnamen, dem Vatersnamen oder dem des Ehegatten und dem Familiennamen. Das ist gesetzlich so verankert. Für Neuhinzugekommene, etwa junge ausländische Ehefrauen, bergen die Namensgesetze und -usancen mitunter herbe Überraschungen: Die Gattin behält, gemäß einer seit 1990 gültigen Bestimmung, zwar ihren Mädchennamen, aber sie wird plötzlich hinter ihrem Vornamen noch einen Anfangsbuchstaben finden.

“Sag mein Schatz, ist das hier so wie in Amerika, wo man ohne Middle Initial nicht gesellschaftsfähig ist?”

“Aber nein, Liebes, das ist nur mein Vorname, dieses J. bedeutet Joannou”, erklärt der Ehegatte und fügt diplomatisch hinzu: “Ein kleines Hochzeitsgeschenk von mir.”

Die junge Frau denkt, ‘das hat er sich ja nicht viel kosten lassen’, laut bemerkt sie aber: “Wieso ‘Joannou’, das ist doch die *Genitiv*form von Joannis?”

“Ja weißt du, du gehörst ja jetzt zu mir,” - er ist darauf bedacht, ja das ‘zu’ nicht zu vergessen - “vorher warst du die Tochter deines Vaters, da wäre an dieser Stelle sein Vorname gestanden.”

Sie überlegt; ihr Vater heißt Gerhard. Gisela Gerhardou Meier hört sich schon ein bisschen extravagant an.

“Sei froh, dass du keinen griechischen Mädchennamen hast,” fährt der Gatte fort, “dann hättest du nämlich auch keinen Anspruch auf das Nominativ-s; dein Name würde einfach, wie jedes Wort im Genetiv, mit einem Vokal aufhören.”

“Wie meinst du das?”

“Na, wenn dein Vater zum Beispiel Pappas geheißen hätte, wäre dein Name Pappa gewesen.”

“Wir Frauen sind also nur das Eigentum des jeweiligen Familienoberhauptes?”

“Was sagst du da, ihr seid unser ein und alles!” Er lügt nicht, die meisten griechischen Ehemänner tragen ihre Frauen auf Händen.

Sie lässt nicht nach: “Und wie werden unsere Kinder heißen?”

Er kann wirklich nichts dafür, aber er muss von einem Fettnäpfchen ins andere treten.

Kleinlaut: “So wie ich.”

Sie rastet zu seiner Überraschung nicht aus, denn in ihrer nördlichen Heimat hätten die Kinder ja auch so wie der Vater geheißen.

Deswegen sinniert sie: “Alexander Joannou Papadopoulos ...” Sie war gerne bereit, ihren Kindern schöne altgriechische Namen zu geben. Außerdem hätte Siegfried Papadopoulos wirklich komisch geklungen.

Er holt sie wieder auf den Erdboden zurück: “Das wird ein wenig problematisch sein. Unser Sohn *muss* leider Vlassis heißen.”

“Waaaaas! Wieso denn Vlassis? Weißt du was Vlassis auf deutsch ist? Das ist Blasius! So kann man doch kein Kind taufen!”

“Da ist leider gar nichts zu machen. Mein Vater heißt so, und die Tradition verlangt, dass der Erstgeborene den Vornamen des väterlichen Großvaters erhält.” Er ist sehr unglücklich und sie bekommt Mitleid mit ihm:

“Na vielleicht wird es auch ein Mädchen, die könnte dann Artemis heißen.”

Er windet sich. “Meine Mutter spricht kein Wort mehr mit uns, wenn unsere Tochter nicht Evjenia heißt!”

“Das wird ja immer ärger! Eugenie kann doch nur eine hundertjährige Großtante heißen!” Dann überlegt sie und lächelt schlau: “Du hast ja drei Brüder, da kann doch einer von denen seine Kinder so taufen.”

Es gibt keine Rettung für ihn. “Natürlich, die werden alle ihre Kinder *auch* nach den Großeltern benennen. Man kann den alten Leuten diese kleine Freude nicht versagen!”

“Und dann werden alle Cousins und Cousinen Vlassis und Evjenia heißen?”

“Darum werden wir nicht herumkommen. Aber die nächsten zwei Kinder werden dafür nach deinen Eltern getauft”, trumpft er glücklich auf.

“Die werden bestimmt auf diese Ehre verzichten. Denn dann

könnten wir ja erst für das fünfte Kind einen Namen nach unserem Geschmack wählen!"

"Wie immer hast du Recht, mein Liebling."

Der griechischen Ehefrau ist das Namensthema keiner Diskussion wert. Sie ist ja in diese Tradition hineingewachsen; vermutlich fällt ihr hierbei überhaupt nichts auf. Diejenigen, die sich der verbalen Wertminderung bewusst sind, besitzen aber die Weisheit, in kaum abzuändernden Dingen großzügig zu sein und sparen sich ihr Forderungspotential für wesentlichere Dinge auf.

Ein bisschen krasser ist es allerdings auf dem Land. Aber die vermeintliche Geringschätzung des weiblichen Geschlechts hat handfeste Gründe und wird durch rührende Schutzmaßnahmen wieder aufgewogen.

Fragt man etwa in tiefster Provinz einen Mann, ob er Kinder habe, kommt es oft vor, dass er antwortet: "Ja, zwei Kinder (gemeint sind Söhne) - und mit Verlaub, zwei Mädchen." Töchter waren und sind häufig der Grund für den finanziellen Ruin einer Familie. Sie müssen mit einer ordentlichen Mitgift ausgestattet werden und solange sie nicht unter der Haube sind, haben auch die Brüder nichts vor dem Traualtar verloren.

Warum stört das die Griechin nicht? Ganz einfach: Sie ist emanzipiert; und zwar auf eine sehr kluge Art und Weise. Sie belässt ihren Partner im Glauben, der absolute Herr und Gebieter zu sein, und wickelt ihn charmant um den kleinen Finger. Die griechische Ehefrau ist im Haushalt fast immer auf sich selbst gestellt und will das auch nicht anders. Nicht, dass sie ein besonderes Faible für Hausarbeiten hätte, aber der Mann wird einfach nicht für fähig gehalten, diese Pflichten zu erfüllen. Das glaubt er selber auch (oder will es glauben) und ist gerne bereit, seiner geplagten besseren Hälfte auch eine Haushaltshilfe zu gönnen. Sogar Frauen in sehr bescheidenen Verhältnissen beschäftigen oft eine Putzfrau, und viele Putzfrauen nehmen für die eigene Wohnung bei Bedarf selber eine Haushaltshilfe in Anspruch. Die Kindererziehung wird aber selten einer anderen Person anvertraut. Weil alle Griechen sehr kinderlieb sind, kümmert sich auch der Vater meistens intensiv und zärtlich um den Nachwuchs.

Sicher trug auch die lange Türkenherrschaft dazu bei, dass die griechischen Frauen heute soviel Gleichberechtigung genießen. Die Türkinnen führten tiefverschleiert ein behütetes Leben in Haus und Familie. Ihre griechischen Geschlechtsgenossinnen, die in ihrer eigenen Tradition weiterlebten, wurden von den Moslems bestimmt als schamlos betrachtet und deshalb mitunter gar belästigt. Die griechischen Frauen lernten also, sich ihrer Haut zu erwehren.Später, während der Revolution, waren sie selbstbewusste Freiheitskämpferinnen, die manchmal selbst zur Waffe griffen und - wenn es keinen anderen Ausweg gab - sogar Selbstmord begingen. So hatten sich alle Frauen des Dorfes Souli von einem Felsen in die Tiefe gestürzt, um den vorrückenden Türken zu entkommen.

Kann sich eine Griechin vollkommen frei bewegen? Von ganz wenigen Ausnahmen abgesehen, ja. Versagt ist ihr, wie allen Frauen der Welt, die Mönchsrepublik Athos. Damit kann sie leben. Versagt ist ihr auch das typische *Kafeníon*, also das traditionelle griechische Kaffeehaus. Ein *Kafeníon* in seiner Winterversion ist der Inbegriff der Ungemütlichkeit: Neonröhren, viereckige, meist mit blechernen Tischplatten versehene Tische und die unbequemsten Stühle der Welt. Kein vernünftiger Mensch - sprich Frau - möchte sich dort ohne zwingenden Grund länger aufhalten. Der Altersdurchschnitt der Gäste liegt bei 75 Jahren. Hier wird in erster Linie diskutiert. Die Verfasserin ist aus den oben angeführten Gründen nicht in der Lage, etwas über den Inhalt dieser Gespräche mitzuteilen, ihre Erkundigungen ergaben aber, dass es sich um so geistreiche und spannende Themen wie die letzten Todesfälle, Traktorreparaturen und Medikamentenpreise handelt. Oft wird auch *Tavli* - eine der vielen Versionen des Backgammon - gespielt; man(n) trinkt türkischen Kaffee oder Ouzo. Betritt eine Frau nun aus irgendeinem unvermeidlichen Grund eine solche männliche Enklave, etwa um zu telefonieren, verstummt sofort jedes Gespräch, die Augen aller heften sich auf die Tempelschänderin und sie wird nach erledigter Mission fluchtartig den Raum verlassen. Das *Kafeníon* sei den Männern also neidlos vergönnt.

Natürlich gibt es auch in Griechenland unterdrückte Frauen. Das liegt in den meisten Fällen aber nicht am Macho-Ehemann, sondern an dessen herrschsüchtiger Mutter, die alle unter ihrem Pantoffel hat. Denn eine Mutter ist hier das Non plus Ultra. Das zeigt schon der fast hysterische Marienkult.

Sonst lässt sich die Griechin nicht einmal von der allmächtigen und männerfreundlichen Kirche einschüchtern. Da gibt es einen schönen und vielsagenden Brauch bei der Hochzeitszeremonie. Tönt der Pope großartig: "... und die Frau sei dem Manne untertan!", dann schält sich unter dem Saum des langen Brautkleides ein weißbeschuhtes Füßchen heraus - und versetzt dem Bräutigam einen Tritt auf den Fuß. Und am Verhalten des Angeheirateten wird es in Zukunft liegen, ob und mit welcher Stärke diese Behandlung fortgesetzt wird.

Die Patenschaft

“Die Nachbarin hat mir gesagt, dass du ein berühmter Doktor bist.” Sie ließ die schwere Hausierertasche auf den Sand fallen und arrangierte sich selbst mit einer für ihren plumpen Körperbau überraschenden Behändigkeit im Türkensitz neben unserer Strandgesellschaft. Die schwarzen, langen Haare, die für damalige Verhältnisse sehr legere Kleidung, ihr gezogenes, etwas lallendes Griechisch und natürlich ihr offensichtlicher Beruf, wiesen sie als Angehörige der Roma aus.

“Ich weiß auch, dass du im Ausland warst und deswegen hoffe ich, von dir einen guten Rat zu bekommen.”

Sie starrte auf meinen Mann. Dieser blickte seinerseits aufmerksam in die Sehwerkzeuge seines Gegenübers. Sie schienen ihm fehlerfrei zu sein.

“Zehn Jahre bin ich schon verheiratet und noch immer kein Kind!”, jammerte die Fremde.

“Aber ich bin doch Augenarzt!”, erwiderte mein Mann.

Das spiele keine Rolle; ein Doktor sei ein Doktor, beharrte sie. Dann betete sie uns ihre ganze Lebens- und Leidensgeschichte herunter. Zu unser aller Erstaunen erzählte sie uns, dass sie schon mehrmals nach Amerika gefahren sei, wo sie alle Koryphäen der Gynäkologie konsultiert hätte, leider ohne Erfolg. Sie blieb kinderlos! Wir zeigten Anteilnahme und gaben ein paar Ratschläge, und als sie sich endlich erhob, um sich zu verabschieden, sagte mein Mann leichtfertig, wohl um sie aufzumuntern: “Wenn du dein Baby bekommst, dann will ich der Pate sein!” Er war sich wohl sicher, dass nach zehnjährigem Misserfolg kein Kindersegen mehr zu erwarten wäre.

Wir waren soweit zufrieden, weil sich unsere Befürchtung, dass ihr Strandbesuch rein kaufmännischen Zwecken diente, nicht bewahrheitet hatte. Sie ließ es bei einem kargen Hinweis: “Wenn ihr Tischtücher oder Spitzendeckchen braucht, fragt doch nach mir. Ich heiße übrigens Eftychia - jeder kennt mich hier in der Gegend.”

“Na dann wünschen wir dir, dass du deinem Namen bald

Ehre machst!", sagten wir zum Abschied. Eftychia heißt "die Glückliche".

Eftychia sahen wir noch oft während unserer Sommerfrische am Golf von Korinth, dann verloren wir sie aus den Augen.

Einige Jahre später, im September in Athen, läutete das Telefon. Eftychia!

"Jassu Doktor! Ich habe so lange nichts von mir hören lassen, aber ich habe jetzt ein Baby. Du musst dein Versprechen einlösen und sein Taufpate sein!"

Mein Mann war wie vor den Kopf gestoßen. Wir waren damals mitten im Umzug in unser neues Haus und lebten deshalb regelrecht im Chaos.

"Natürlich übernehme ich die Patenschaft", versicherte er ihr. In Griechenland ist es Ehrensache, ein Versprechen - vor allem wenn es sich um ein Sakrament handelt - einzuhalten. "Nächsten Monat sind wir mit unserem Umzug fertig, dann stehen wir zu deiner Verfügung."

"Was heißt nächsten Monat, am Sonntag muss die Taufe sein! Mein armer Vater liegt im Sterben und es ist sein letzter Wunsch, die Enkelin als Christin zu sehen. Wir kommen gleich bei dir vorbei."

Unter ‚wir' hatten wir uns die Familie vorgestellt, also Vater, Mutter, Kind. Die Roma haben aber einen sehr ausgeprägten Familiensinn und wenn es sich um eine so wichtige Angelegenheit wie eine Taufe handelt, nimmt die ganze Großfamilie Anteil.

Kurz darauf kamen sie. Eine laute, fröhliche Gesellschaft, die uns bis auf Eftychia vollkommen unbekannt war, begrüßte uns mit Umarmung und Kuss. Es waren Cousinen, Onkel und Tanten, lediglich der Vater - von dem wir annahmen, dass er beruflich verhindert war - und die Hauptperson, unser Täufling, fehlten.

Unsere Wohnung befand sich in Auflösung; Der Großteil der Möbel war schon in das neue Haus transportiert worden und wir lebten mit Klapptischen und -stühlen. Ich entschuldigte mich wegen der fehlenden, bequemen Sitzgelegenheiten, denn eine Gastgeberin ist schließlich immer bemüht, ihre Besucher zu akkommodieren, egal ob fliegender Händler oder Bankdirektor.

Doch unsere Gäste kamen durch die Unbequemlichkeit nicht in Schwierigkeiten. Im Nu saßen sie alle im Türkensitz auf dem Boden. Jetzt war ich in Schwierigkeiten. Zwar noch in den Dreißigern und schlanker als meine Gäste, konnte ich mich mit der körperlichen Elastizität derselben nicht messen. Was schreibt das Savoir-Vivre in so einem Fall vor? Würde ich meine Besucher eventuell brüskieren, wenn ich mich auf einen Stuhl setzte? Verlegen murmelte ich etwas von Meniskusbeschwerden und nahm auf der Stuhlkante Platz.

Nun wurden die Pläne für die Taufe besprochen.

Eftychia zeigte auf mich und erinnerte mich an meine Pflicht, als Frau des Paten, alle notwendigen Einkäufe für das Fest zu erledigen.

Ich fühlte mich überrumpelt und protestierte: "Aber Eftychia, es ist schon Freitagnachmittag. Wann soll ich denn all die Besorgungen machen?"

Zu einer griechisch-orthodoxen Taufe ist es üblich, den Täufling vollkommen neu einzukleiden - feine Unterwäsche, Söckchen, ein Kleid, ein Mantel (auch im Sommer!), ein Häubchen und Schuhe - weiters muss ein schönes weißes Handtuch und Olivenöl in einer hübschen Flasche bereitgestellt werden. Ein goldenes Kreuz an einem Kettchen ist ebenfalls - wie bei allen Christen - üblich. (Für die in Tüll verpackten Zuckermandeln, die nach der Taufe alle Anwesenden mitbekommen, war ich glücklicherweise nicht zuständig, das ist die Sache der Familie des Täuflings).

"Das kannst du alles morgen Vormittag besorgen!" Es war zwecklos, ihr zu erzählen, dass ich mit zwei Kindern, der Mitarbeit in der Praxis, dem Haushalt und obendrein dem Umzug schon genug zu tun hatte, Eftychia wiederholte es immer wieder: Nächste Woche könne der Vater gestorben sein, das Kind müsse am Sonntag getauft werden. Also fügte ich mich in mein Schicksal.

Doch wo sollte die Taufe stattfinden? In der Kirche der Heiligen Marina, der das Kind gewidmet sei. Fein, das ist wenigstens nicht weit, die besagte Kirche befindet sich am Fuße der Akropolis. Aber zu früh gefreut. Das Kind war der Heiligen Marina auf *Ägina* gewidmet! Die Insel Ägina liegt eineinhalb Schiffsstunden von Piräus entfernt. Uns überraschte jetzt gar nichts mehr.

Wir waren froh, dass Eftychia nicht eine Kirche in Zypern ausgesucht hatte.

Also geschah alles, wie Eftychia es befohlen hatte. Am nächsten Morgen fuhr ich mit meinen zwei Kindern bei Affenhitze in die Innenstadt und besorgte alles Notwendige. Am Sonntagmorgen fanden wir uns schließlich pünktlich um 9 Uhr mit Kind und Kegel zum Rendezvous am Hafen von Piräus ein. Die Romafamilie war schon versammelt, als wir ankamen: Eftychia mit ihrer kleinen Marina sowie ihre Schwester und dem dazugehörigen Schwager, alle so geschniegelt und gebügelt, wie es sich für den feierlichen Anlass schickte.

Marina war zu unserer Überraschung schon ein zweijähriges Kind! Es ist hier zwar durchaus üblich, die Kinder nicht im Säuglingsalter zu taufen, meistens sind sie aber nicht älter als ein Jahr (1). Uns war in erster Linie unverständlich, warum wir nicht schon früher von der Existenz unseres Täuflings erfahren hatten. Trotzdem kam es uns nicht in den Sinn, nach dem Grund des langen Schweigens zu fragen. Wenn in einer Familie plötzlich größere Kinder auftauchen, sind sie meistens adoptiert. Ein Grund zur Geheimhaltung? Normalerweise nicht. Aber nicht jeder kann ohne weiteres ein Kind adoptieren. Er muss einen festen Wohnsitz und ein geregeltes Einkommen nachweisen. Wir vermuteten also eine illegale Adoption. Aber das ging uns gar nichts an und vielleicht war die Kleine ja wirklich Eftychias leibliches Kind (2).

Der Vater war auch diesmal nicht erschienen. Auf unsere kurze Nachfrage kam die knappe Antwort, dass er verreist sei. Verreist ein Vater, wenn sein einziges, erstes Kind getauft wird? Auch hier verbot uns die Diskretion weiter nachzuforschen. Vermutlich war der Vater nicht nur nicht verreist, sondern gerade im wahrsten Sinne des Wortes *sesshaft* (3).

Wir begrüßten einander herzlich und verfrachteten uns auf die Fähre. Auf der Überfahrt schob der Schwager seinen Hemdsärmel hoch und präsentierte seinen Arm, auf dem er einige Uhren trug. "Doktor, willst du eine Rolex kaufen?" Glücklicherweise rief ihn Eftychia sofort zur Ordnung. "Du willst doch nicht dem Kumbaro

(4) deinen Ramsch andrehen!"

Bald tauchte die Insel Ägina vor uns auf. Der Schwager zeigte auf ein langgestrecktes, ebenerdiges Gebäude: "Dort habe ich den Winter verbracht." Ich dachte, er hätte sich geirrt. Damals waren dort die Gefängnisse untergebracht. Es erschien mir unvorstellbar, dass jemand auf einen so peinlichen Aufenthalt hinweisen könnte. Er aber fuhr fort: "Es war gar nicht unangenehm, denn meine Frau konnte mich immer besuchen und mir Zigaretten und Leckerbissen bringen." - Nun bestand kein Zweifel mehr und ich begann, unauffällig auf meine Handtasche aufzupassen - ein Verhalten, dessen ich mich im Nachhinein schäme.

Die Überfahrt bei strahlendem Wetter ging schnell ihrem Ende zu und der entzückende Hafen von Ägina lag vor uns. Gleich am Strand das schneeweiße Kirchlein des Heiligen Nikolaus, des Schutzpatrons aller Seefahrer und dahinter das Städtchen, in dem wir hoffnungsvoll die Kirche der Heiligen Marina vermuteten. Aber nein, wieder sollte es anders kommen. Das buchstäblich heißersehnte - denn die angenehme Temperatur war inzwischen der Mittagshitze gewichen - Gotteshaus befand sich auf der anderen Seite der Insel. Das einzige, zur Verfügung stehende Auto war das unsrige. Unsere künftigen Kumbari fanden, dass wir darin ohne weiteres alle Platz hätten. Doch wenigsten in diesem Punkt gaben wir nicht nach: Wir verfrachteten Eftychia mit der kleinen Marina, unsere Kinder und uns selbst ins Auto und die anderen zwei mussten ein Taxi nehmen.

Eine schmale, gewundene Strasse führte uns über den Höhenrücken der Insel, der mit unzähligen, winzigen Einsiedlerkapellen übersäht ist. Angesichts so vieler Kreuze wurde Eftychia von rasender Frömmigkeit überwältigt. Mit Tränen in den Augen, ihren brüllenden Nachwuchs an sich gedrückt, bekreuzigte sie sich am laufenden Band und schluchzte: "Ach, barmherzige Muttergottes, verzeih mir doch, ich bin ja so furchtbar sündig!" Sie wiederholte das so oft und mit solcher Inbrunst, dass ihr auch der strengste Heilige einen Mord verziehen hätte.

Das Benehmen unseres Täuflings jedoch war inzwischen so teuflisch geworden, dass sogar wir hofften, die Taufe würde ihm

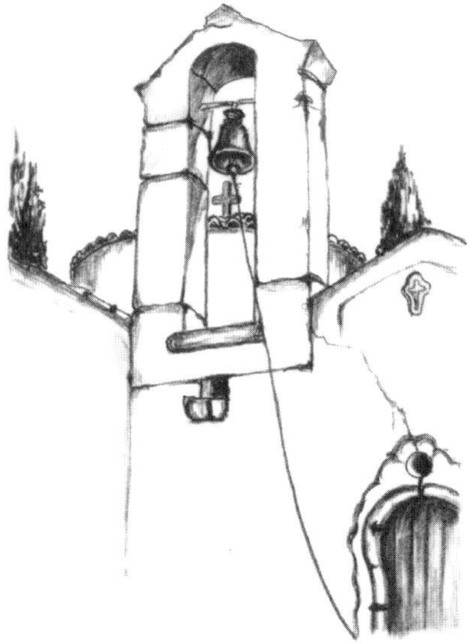

einige Dämonen aus der Seele vertreiben. Marina brüllte, schlug um sich und war eine Gefahr für alle Insassen des Autos.

Endlich hielt der vorausfahrende Taxifahrer an: die Kirche der Heiligen Marina! Sie erschien uns verschwitzten, ausgedörrten und erschöpften Pilgern wie eine Fata Morgana. Und das war sie auch!

Schon kam uns die Mesnerin entgegen und rief: “Die Kirche ist wegen Erdbebenschadens außer Betrieb. Warum habt ihr nicht vorher angerufen?” Ja, warum nicht?

Eftychia war untröstlich: Die Heilige Marina würde ihr das nie verzeihen.

Die gute Mesnerin beruhigte sie: Dort oben auf dem Hügel stehe eine Behelfskirche und der Pfarrer wäre gerade dort.

“Ja, aber”, argwöhnte Eftychia, “ist diese Kirche auch der Heiligen Marina geweiht?”

“Ja, natürlich, die Kirche ist ja dazu da, die beschädigte zu ersetzen.”

Erleichtert machten wir uns nun durch eine staubige Mondlandschaft auf den Weg zu jenem klapprigen Wellblechgestell, das mit einem Kreuz als Gotteshaus gekennzeichnet war.

Der Innenraum war stickig heiß, obwohl sich einige Ventilatoren verzweifelt bemühten, die Hitze zu mildern. Zwei ältere Frauen traten auf uns zu und informierten uns, dass Pfarrer Dimitri gerade eine Beichte abnähme. Ehrfurchtsvoll erklärten sie uns, dass Vater Dimitri auf schwierige Probleme spezialisiert sei. Wir waren beeindruckt; also eine Art geistlicher Psychotherapeut! Ein Idealfall!

Wenig später stürzte eine total gebrochene, in Tränen aufgelöste "arme Sünderin" aus dem Beichtstuhl. Ich weiß nicht, im welchem Zustand sie denselben betreten hatte, aber ihr Elend kann vorher unmöglich noch größer gewesen sein!

Von Kopf bis Fuß in Würde eingehüllt, erschien nun auch Vater Dimitri. Er begrüßte uns herablassend. "Jetzt noch eine Taufe?", murrte er. "Ich muss um 14 Uhr das Fährschiff erreichen, denn ich habe eine Sitzung mit dem Erzbischof in Athen."

Da hatte er sich aber verrechnet; die Taufe musste stattfinden, auch wenn wir ihn dazu hätten fesseln müssen. Es war erst 12 Uhr und wenn er gleich begänne, so überzeugten wir ihn, wäre seine Verabredung nicht in Gefahr.

Widerwillig ließ er sich dazu herab, unser Patenkind in den Schoß der Kirche aufzunehmen. Wir gruppierten uns bereitwillig um ihn und die Zeremonie begann mit den entsprechenden Segnungen, während die Mesnerin das Taufbecken vorbereitete.

Doch kaum hatte der Pope begonnen, das erste Gebet herunterzumurmeln, schrie Eftychia in Panik auf: "Das ist gar keine Kirche der Heiligen Marina! Hier hängt auch eine Ikone des Heilands und des Heiligen Georg. Die Heilige Marina wird mich bestrafen und das Kind in schwarze Glasscherben verwandeln, wie sie es mir im Traum prophezeit hat!"

Mir war die Geschichte mit den Glasscherben zwar ein Rätsel, aber Träume sind bekanntlich oft irrational. In naiver westlicher Logik versuchte ich ihr klarzumachen, dass das ganz unmöglich sei. Eine Heilige, deren Beruf die unendliche Güte sei, würde einem Kind so etwas nie antun.

Da fuhr der Pope unwirsch dazwischen: “Wegen solcher Albernheiten hirnloser Weiber kommt die Kirche in den Verruf des Aberglaubens!”

Ich erschrak, konnte aber mit Genugtuung feststellen, dass sich Eftychia überhaupt nicht beleidigt fühlte. Nun mischten sich auch die beiden noch anwesenden Frauen ins Gespräch: Es sei doch völlig unbestritten, dass die zusätzliche Anwesenheit eines weiteren Heiligen und des Heilands die Heilige Marina günstig beeinflusse. Zögernd gab Eftychia nach. Der Segen konnte nun fertiggesprochen werden, - dachten wir.

“Stop, stop, die Taufe kann nicht stattfinden!”, schrie Eftychia erneut. “Die Ikone der Heiligen Marina hat sich bewegt!” Das nicht minder schreiende Kind im Arm, rannte sie zur Tür. Nur mit Mühe konnten wir sie zurückhalten, die Kirche zu verlassen. Der Pope kochte vor Wut und donnerte: “Die Blödheit dieser Person kennt keine Grenzen, vor der Ikone steht ja ein riesiger Ventilator, wie soll sie sich denn nicht bewegen?! Strohdumme Frauenzimmer!”

Uns wurde mittlerweile klar, worin die besonderen Fähigkeiten dieses Gottesmannes lagen: in seiner “zarten Einfühlsamkeit” gegenüber weiblichen Gemeindemitgliedern. Um weiteren Unterbrechungen zuvorzukommen, nuschelte er schnell einige unverständliche Verse herunter und geleitete uns hastig zum Taufbecken.

Auch ein äußerst sanftes Kind wäre nach so vielen Strapazen und Aufregungen unruhig geworden. Unser immerhin schon zweijähriges, kräftiges Patenkind hätte auch zwei Löwenbändiger in Verlegenheit gebracht. Es brüllte und tobte wie ein Kind nur brüllen und toben kann!

Bei der orthodoxen Taufe wird das Kind vom Priester dreimal ganz bis über den Kopf in das Becken getaucht und dann mit Öl gesalbt. Der Pate muss das Kind zwischendurch immer wieder halten; damit er dabei nicht nass wird, wird er vorne mit einem großen Handtuch bedeckt. Trotzdem wurden bei unserer Zeremonie sowohl der Priester als auch der Pate - also mein Mann - nass und fettig. Derart wehrte sich das Patenkind, strampelte und zappelte wie verrückt.

Im Zuge der engen Zusammenarbeit über dem Taufbecken bemerkte der Priester, dass der Pate offensichtlich kein Angehöriger der Romafamilie war.

Das tobende Kind unter Wasser tauchend, wendete er sich an ihn: “Wie heißen Sie eigentlich?”

“Dr. K.”, stiess der verzweifelte Pate hervor und versuchte, das um sich schlagende, glitschige Kind zu übernehmen. “Und Sie sind von Beruf?” - Die Kleine krallte sich in den Bart des Fragers. - “Augenarzt”, stieß der Pate hervor, den Schreikrampf seines Patenkindes übertönend.

“Haben sie eine Visitenkarte?”, fragte der Pope, während er sich bemühte, die Händchen des Täuflings aus seinem Bart zu lösen und ihn zu ölen. Mein Mann übergab dem Popen die Kleine und fischte mit fettigen Fingern mitten in der Taufzeremonie hinter dem Handtuch in seiner Anzugtasche nach einer Karte.

Der Pope unterbrach seelenruhig die heilige Handlung. Er

studierte die Karte: “An welchen Tagen praktizieren Sie?”

“Von Montag bis Freitag”, schrie der Angesprochene gegen das brüllende Baby an. Der Pfarrer war zufrieden und zelebrierte nun in aller Ruhe die Taufe zu Ende. Vergessen war das Schiff und vergessen der Erzbischof. Die “dummen Weiber” waren ihm nach erfolgter Taufe noch einen Extra-Segen wert. Er baute sich also vor versammelter Gemeinde auf und hielt eine Rede für die anwesenden Mütter.

Orthodoxe Gläubige bekreuzigen sich während der Andacht sehr oft und immer dreimal hintereinander. Auch ich befleißigte mich, mit den anderen mitzuhalten. Es war mir allerdings nicht bekannt, dass das griechische Kreuzzeichen nicht wie das katholische von links nach rechts, sondern in die andere Richtung geschlagen wird. Dem Popen entging das natürlich nicht und er fixierte mich ununterbrochen. Mein damals siebenjähriger Sohn bemerkte das und flüsterte: “Der hat sich in die Mama verliebt.”

Die anfangs moderate Ansprache des Priesters wurde immer unerträglicher. Er geiferte über den Papst, behauptete sogar, dieser sei mit dem Teufel und den Juden im Bunde und wolle die ganze Welt zum katholischen Irrglauben bekehren. Als er mit seinem Sermon endlich fertig war, zeigte er mit dem Finger auf mich - am liebsten hätte er mich durchbohrt - und dröhnte: “Nächste Woche kommen Sie wieder, da werde ich *Sie* taufen.” Natürlich versprach ich ihm das. Auf eine Diskussion über Toleranz und eine ökumenische Kirche wagte ich mich nicht mit ihm einzulassen. Auf die “reuige Konvertitin” wartet er allerdings noch immer (5).

Obwohl die abenteuerliche Taufe glücklich überstanden war, hatten all das Weihwasser, das Öl und die Gebete auf den chaotischen Seelenzustand des Taufkindes leider keinen befriedenden Einfluss. Wir packten also so schnell wie möglich unsere Siebensachen zusammen und verließen mit der tobenden Kleinen schleunigst die Kirche.

Nun ging es ans Verabschieden. Unsere neuen Kumbari waren nur schwer davon abzubringen, uns hinterher zu einem Festessen einzuladen. Wir wussten nur zu gut, dass Marinas Verwandte sich bei dieser Gelegenheit in hohe Unkosten gestürzt und es niemals zugelassen hätten, dass wir diese übernahmen. Es war schon zuviel, dass sie uns ein Taufpatengeschenk überreichten, das ihre finanziellen Möglichkeiten sicher überstiegen hatte. Es ist üblich, aber keineswegs ein zwingender Brauch, dass die Eltern des Taufkindes den Paten die gleichen Zuckermandeln, die auch alle anderen Taufgäste erhalten, in einer besonderen Verpackung überreichen. Meistens besteht diese Geschenkaufmachung aus einem kleinen Silber- oder Porzellandöschen. Unsere Kumbari meinten es besonders gut und beglückten uns mit zwei riesigen, schweren Deckelvasen aus Keramik.

So verließen wir verschwitzt, erschöpft und mit den Geschenken beladen unsere neue Wahlverwandtschaft. Glücklich kehrten wir nach Athen zurück, mit dem Gefühl, allen Dämonen ein Schnippchen geschlagen und der Heiligen Marina das gegeben zu haben, was ihr zustand. Wenn wir auch nicht wissen, wer die Heilige Marina eigentlich war, haben wir doch den Eindruck, seither auch unter ihrem Schutz zu stehen.

Schließlich und endlich hoffen wir damit den letzten Wunsch des Großvaters, der sich bis heute - zwanzig Jahre nach der Taufe - blendender Gesundheit erfreut, zufriedenstellend erfüllt zu haben.

Filoxenía - Gastfreundschaft

Das griechische Wort "*Xénos*" bedeutet gleichermaßen Fremder/Gast/Freund. Der Fremde als Gast - das hat sich seit dem Altertum nicht geändert. Vielleicht ist in Griechenland sogar die Gastfreundschaft erfunden worden.

Stellen Sie sich einmal vor, Sie reisen durch die griechische Provinz. Da kann es schnell passieren, dass Sie mit den Einheimischen in Kontakt kommen und zum Kaffee eingeladen werden. Ist es Sommer, wird Ihnen die Wohnung ihres Gastgebers vielleicht kahl erscheinen; die Teppiche sind nämlich von Konstantin und Helene (Ende Mai) bis zum Hl. Demetrius (im Oktober) auf "Sommerurlaub". Sie werden - je nach Brieftasche - entweder von einer Teppichpflegefirma abgeholt, gereinigt und bis zum Herbst aufbewahrt, oder von der Hausfrau, zusammen mit der Wintergarderobe, auf dem Speicher verstaut.

Sie werden zunächst in die gute Stube geführt, die besonderen Gelegenheiten vorbehalten ist. Da stehen meist glattpolierte, ein wenig verschnörkelte Möbel und auf dem Sofa sitzt die unvermeidliche Prachtpuppe. Spitzendeckchen und Stickereien weisen die Dame des Hauses als einstmals gute Partie aus. Angesichts der unsterblichen Plastikpflanzen in den Vasen freuen Sie sich, keine Blumen, sondern Süßigkeiten oder eine Flasche Whisky mitgebracht zu haben. Von echtem Grünzeug hat jeder Landbewohner zum Überdruss mehr als genug vor der Haustüre und betrachtet es eher als Ziegenfutter. Die Gastgeberin erscheint nun mit einem Tablett, auf dem sich in winzigen Tassen der türkische, pardon, griechische Kaffee befindet, ein paar kleine Tellerchen mit klebrigen Süßigkeiten und für jeden ein Glas eiskaltes Wasser. Ohne das kühle Nass wäre es auch kaum möglich, die süßen Köstlichkeiten wieder von den Zähnen zu lösen. Es wird überhaupt sehr viel Wasser getrunken, immer sehr kalt - verständlich bei den hohen Temperaturen - und niemals aus der Leitung, obwohl das ganz ungefährlich wäre. Doch was die Qualität seines Lieblingsgetränks angeht, ist der Grieche ausgesprochen hysterisch. Und so nennt er es auch zärtlich *"Neráki"* (Wässerchen).

Ganz gleich, ob die Gastgeber Ihre Sprache sprechen oder ob Sie Griechisch können oder nicht - es wird nun Smalltalk betrieben, wobei der etwaige Mangel an Vokabeln durch Lautstärke wettgemacht wird. Denn schließlich muss man unbedingt etwas über Sie erfahren, was man der Nachbarin, die sicher voller Neid Ihr Kommen beobachtet hat, weitertragen kann. Auf jeden Fall wird herauskommen, dass Sie - da Sie sich eine so weite Reise leisten konnten - wohlhabend und bedeutend sein müssen. Falls Sie zehn Jahre auf Ihre Reise gespart haben, ist das völlig unerheblich; *das* würde man der Nachbarin ohnehin nicht erzählen. Nein, man will sich schließlich im Glanze des Besuchers sonnen.

Bleiben Sie länger im Land oder sind Sie sogar in Griechenland ansässig, so wird man Sie über kurz oder lang bestimmt zu einer Namenstagsfeier einladen. Je wichtiger der Heilige, nach dem der Gastgeber getauft ist, desto häufiger ist natürlich der Name und desto größer das damit verbundene Fest. Zu Maria Himmelfahrt, Johannes und Georg müssen sich alle, sofern sie nicht selbst einen dieser Namen tragen, in Stücke reißen, um sämtlichen Besuchsverpflichtungen nachzukommen.

In der Provinz werden Sie auch hier wieder mit einem praktischen Geschenk richtiger liegen als mit Blumen. Für diese kleine Mühe winkt Ihnen reichlicher Lohn. Die Gastgeber werden Sie bis zum Umfallen füttern, höfliche Widerrede ist zwecklos. Sie werden gut daran tun, sich als Vegetarier auszugeben, denn gerade bei ärmeren Leuten ist ein Messer nicht im Besteck inbegriffen, und es ist sehr schwer, ein riesiges Kotelett nur mit der Gabel zu bewältigen! Dass der Vegetarier dann als Unikum angesehen wird, muss er hinnehmen. Sind sie hingegen etwas älter, können Sie diesem Thema mit der Ausrede auf Cholesterin beikommen. Das hat allerdings den Nachteil, dass sich dann eine endlose Unterhaltung über mikrobiologische Details entspinnt, denn auch der allerletzte Schafhirte weiß ganz genau über Blutwerte Bescheid und betrachtet sich als Experte auf diesem Gebiet.

Erscheinen Sie übrigens *frühestens* eine halbe Stunde nach der angegebenen Uhrzeit zu der Sie eingeladen werden. Wenn Sie sich nicht an diese Regel halten, laufen Sie Gefahr, als letzter Gast zur vorangegangenen Kinderparty zu erscheinen oder die Hausfrau im Negligee zu überraschen.

Da es relativ spät wird, bis alle Gäste eingetroffen sind, versammelt man sich erst einmal zu einem gemütlichen Geplauder mit einem Gläschen - Whisky ist sehr modern - im Salon. Dazu werden alle möglichen Arten von Nüssen, die in unzähligen Silberschalen (1) ihres Schicksals harren, geknabbert. Da sind die köstlichen Pistazien aus Ägina oder knackige Mandeln, oft aus dem eigenen Garten, alles gesalzen und geröstet.

Bei einer Einladung in der Stadt wird es übrigens mit dem Besteck keine Überraschungen geben. Gerade, wenn die Anzahl der Gäste nicht vorauszuschätzen ist - an Namenstagen gilt das Prinzip der offenen Tür -, präsentiert man hier gerne ein Buffet, das allen Geschmäckern gerecht werden soll. Schade ist nur, dass, im Bemühen um weltmännisches Gepräge, die ausgezeichnete griechische Küche oft zu kurz kommt. Statt der herrlich frischen, heimischen Fische wird beispielsweise auf den Silberplatten schottischer Räucherlachs serviert. Glück hat man, wenn es noch eine Oma oder Tante gibt, die sich für die festliche Tafel die Mühe gibt, winzige *Dolmadákia* zu wickeln, nämlich eine Hackfleisch-Reis-Mischung in Weinblättern, die in Zitronensaft lange gedünstet und mit Eiersauce serviert wird. Aber leider sind die Stadtmenschen - und ich glaube nicht nur hier - fanatische Modesklaven: Vor zwanzig Jahren gab es keine festliche Tafel ohne Kohlsprossen, dann kamen die Champignons auf und später der Räucherlachs. Und so ereilt den Gast mitunter eine "kulinarische Nostalgie": Nach einem Souper mit Lachs, Kaviar und Sekt erwacht die Sehnsucht nach Souvlaki und Ouzo in einem schmierigen Straßenlokal.

Einer der zwanglosesten und nettesten Bräuche ist der vormittägliche Ouzo mit *Mezé*. Nur ganz wenige Griechen essen etwas zum Frühstück, meistens wird bloß eine Tasse schwarzen Kaffees hinuntergeschüttet. Mittagessen gibt es aber nicht vor zwei Uhr. Geht man also vormittags auf Besuch, so wird Ouzo mit *Mezé* serviert. Da kommt auf einem Tablett ein hohes, enges Glas mit Ouzo, dem klaren Anisschnaps, der durch die Verdünnung mit eiskaltem Wasser milchig aussieht und ein kleiner Teller mit verschiedenen pikanten Häppchen, zum Beispiel Oliven (meistens schwarze, nicht die grünen Touristenoliven mit der Mandel), Sardellen, Hackfleischbällchen (*Keftedákia*), Oktopus und natürlich *Féta*, der leckere, weiße Schafskäse. Aber der Phantasie der Hausfrau sind hier keine Grenzen gesetzt und die Bissen sind immer typisch griechisch.

Auf Sprachschwierigkeiten werden Sie bei Einladungen in der Stadt kaum stoßen, da die Gastgeber in der Regel Englisch, mitunter auch Deutsch sprechen. Höchstens mit dem Personal können Verständigungsprobleme auftauchen, denn Fremdarbeiter gibt es zur Genüge. Fast jede griechische Hausfrau beschäftigt eine Philippinin, Albanerin oder Russin. Die Straßen mögen hier zwar oft schmutzig sein, aber einen verwahrlosten Haushalt wird man selten finden. Auch die berufstätige Griechin wird sich an Wochenenden zusammen mit ihrer fernöstlichen oder nahnördlichen Hilfskraft um Perfektion bemühen. Diese Hilfe braucht sie vor allem beim Frühjahrsputz, wenn Teppiche und Winterkleidung weggeräumt werden und später bei der umgekehrten Tour im Herbst. Folge dieser Aktionen ist ein unüberriechbarer Naphthalingeruch, der fast allen griechischen Wohnungen anhaftet. In den Nassräumen des Haushalts wird man hingegen in Chlordämpfe eintauchen. Diese Umweltsünden kann man der südlichen Hausfrau verzeihen, denn bei den durchgehend milden Temperaturen gedeiht jede Art von Ungeziefer prächtig. Über unsere lieblich duftenden Lavendelbeutelchen würde sich eine griechische Motte wahrscheinlich totlachen. Und wenn der überzeugte Ökologe einmal mit den ungemein fruchtbaren Kakerlaken Bekanntschaft gemacht hat, dann wird auch er zur Chemischen Keule greifen.

In ganz Griechenland fallen übrigens streunende Hunde und Katzen auf. Es ist klar, dass diese auch in die Vorgärten und wenn möglich, sogar in die Wohnungen kommen - sehr zum Missvergnügen der Bevölkerung. Trotzdem haben diese

Mitbewohner auch ihre guten Seiten. Auf einer kleineren Insel wollte sich ein Bürgermeister als Katzenvernichter den Titel des Saubermanns verschaffen. Schon wenige Monate nach der "Säuberungsaktion" konnten sich die Bewohner der Insel nicht mehr vor Mäusen erwehren. Nun mussten sie zähneknirschend wieder die (un)sympathischen Raubtiere importieren.

Auch beim Einkaufen werden Sie oft, vor allem wenn Sie mit dem Kaufmann bekannt sind, rührend bewirtet. Egal, ob Sie wirklich die Absicht haben, etwas zu erstehen, oder nur einfach einmal hereinschauen um Kalimera zu sagen, die Geschäftsinhaber werden sofort mindestens Kaffee bestellen. Da kommt dann der *Mikró,* der Kleine, der ohne weiteres auch das Sechzigste überschritten haben kann, und bringt das Bestellte auf einem Blechtablett mit Tragevorrichtung. Es ist also angezeigt, sich für Einkäufe ausreichend Zeit zu nehmen.

Die Griechen vergessen selbst in den schwierigsten Situationen nicht ihre wunderschöne Tradition der Gastfreundschaft. So ist es auch die erste Sorge eines Kranken, seine nächsten Verwandten zu bitten, ihm ausreichend Bonbons ins Spital zu bringen. Er muss seinen Besuchern doch etwas anbieten können!

Die Patenschaft - 15 Jahre später

Der Brauch verlangt, dass das Patenkind zumindest einmal jährlich, und zwar an Ostern, seinen Taufpaten besucht, um ihm frohe Feiertage zu wünschen und von ihm die Osterkerze sowie - je nach dessen Brieftasche - ein mehr oder weniger großes Geschenk zu empfangen. Bei ärmeren Leuten ist es verständlicherweise üblich, möglichst wohlhabende Paten für die Kinder zu finden. Wir sind zwar wirklich nicht reich, mussten aber Marinas Eltern, die zumindest damals keiner geregelten Beschäftigung nachgingen, sehr vermögend erscheinen. Um so beachtenswerter und achtenswerter war es deshalb, dass Marinas Familie nie auf diese Rechte Anspruch erhob; nicht aus Stolz, der in der elternähnlichen Beziehung des Paten zum Täufling sowieso unangebracht ist, sondern aus einer rührenden Anständigkeit, dessen sich diese Menschen sicher gar nicht bewusst waren.

Trotzdem wollten wir nicht unvorbereitet sein, und besorgten jedes Jahr zu Ostern Marinas Lambada (die Osterkerze), ein Schokoladenei und ein Geschenk. Nach den Feiertagen landeten dann all die unabgeholten Gaben als Spenden in der Kirche.

Von Marinas Werdegang erfuhren wir nur telefonisch, wenn ich, eine allen unseren Patenkindern gegenüber etwas nachlässige Nonna, anrief, um zum Namenstag zu gratulieren. Unser Täufling war kein Paradekind, sondern ein unruhiger, schulfeindlicher Racker, der seinen Eltern oft Sorgen bereitete. So verließ sie morgens wohl das Haus, angeblich um zur Schule zu gehen, kam aber selten dort an. Bei vielen Romakindern ist es schon ein Wunder, wenn sie überhaupt schreiben und lesen lernen, aber Eftychia hatte für ihr Wunschkind andere Pläne gehabt. "Ich hätte sie gerne studieren lassen", jammerte sie oft, und wir hatten volles Verständnis für ihre Klagen. Jetzt, da wir es besser wissen, fragen wir uns, wozu sie hätte studieren sollen?

Marina war mittlerweile siebzehn geworden und Neugier und schlechtes Gewissen bewegten mich, endlich ein Wiedersehen mit ihr anzustreben. Ich rief also wieder zu ihrem Namenstag an und lud sie ein, uns zu besuchen. Obwohl sie begeistert zusagte, hatte ich wenig Hoffnung, dass sie unserer Verabredung nachkommen würde. Wir warteten ja schon jahrelang auf sie. Es wurde vereinbart, dass sie mit ihren Eltern am darauffolgenden Samstag zur Jause kommen sollte.

Hoffnungsvoll bereitete ich alles für einen netten Nachmittag vor und vergaß natürlich auch nicht, ein Namenstagsgeschenk für Marina zu besorgen. Aus unseren Telefongesprächen wusste ich, dass sie musikbegeistert war, also schien mir ein Walkman das Geeignetste für sie zu sein. Sollte sie wieder nicht erscheinen, würde sich bestimmt ein anderer dankbarer Abnehmer dafür finden.

Unsere Freude war groß, als das Telefon läutete und Eftychia fröhlich verkündete, dass sie jetzt losführen und sie sich ganz genau nach dem Weg erkundigte. Athen ist riesig und unsere Kumbari wohnten am anderen Ende der Stadt. Trotzdem waren wir in Sorge, als sie nach zwei Stunden noch immer nicht erschienen waren.

Weil Roma meistens nicht den erforderlichen Volksschulabschluss besitzen, können sie auch keine Führerscheinprüfung ablegen, und wer keinen Führerschein hat, dem kann er auch nicht weggenommen werden. Verständlich, dass die Angehörigen dieses Wandervolkes, frei von allen Einschränkungen des Verkehrsministers, auf eigene und anderer Gefahr hin munter kreuz und quer durchs Land flitzen. Unfälle sind an der Tagesordnung. Glücklicherweise keine besonders schweren, da die meisten Autos der Roma nicht in der Lage sind, schnell zu fahren. Da unsere Gäste nicht eintrafen, fürchteten wir schon einen solchen Unfall.

Endlich ein Anruf: "Wir sind schon ewig hier in der Gegend und können die Adresse nicht finden!"

"Wo seid ihr denn?"

"Vor dem Zuckerbäcker."

Der Zuckerbäcker ist fünf Gehminuten von uns entfernt. Wir erklärten den Weg ganz genau und ich wärmte zum zehnten Mal den Kaffee auf.

Zehn Minuten später läutete wieder das Telefon: "Wir können

eure Strasse nicht finden, obwohl Marina an jeder Kreuzung aussteigt, um das Straßenschild zu lesen!"

"Wo seid ihr denn jetzt?"

"Vor dem Pelzgeschäft auf der Hauptstraße."

"Ich komme euch holen, was habt ihr für ein Auto?"

"Einen kleinen weißen Suzuki." (Alle Roma in Griechenland fahren japanische Autos; man hört sie oft sagen: Mein Toyota ist ein Mitsubishi).

Im Nu war ich vor dem Pelzgeschäft. Davor stand ein kleiner weißer Subaru. Es war mir unerklärlich, dass jemand nicht die Marke seines Autos kennt. Ich fuhr langsam voraus, um den Weg zu zeigen. Der Kumbaro - endlich lernten wir auch Marinas Vater kennen! - chauffierte seinen Wagen im Schneckentempo. Mein verdorbenes Gehirn fragte sich, ob er den Wagen vielleicht "entliehen" hatte, da er gar so vorsichtig fuhr! Da waren wir schon zu Hause angekommen.

Nach herzlicher Begrüßung und Umarmungen der Eltern schälten sich aus dem winzigen Gefährt lange, elegante Beine heraus und sukzessive die restliche Marina in einem todschicken weißen Kostüm. Eine große, dunkle, langhaarige Schönheit mit Mannequinfigur. Als letzte entstieg dem Wagen noch ein weiteres junges Mädchen, genauso gekleidet, aber nur halb so schön, die uns als Marinas Cousine vorgestellt wurde.

Um unsere Gäste nicht in Verlegenheit zu bringen, hatten mein Mann und ich uns leger gekleidet. Das hatte zur Folge, dass wir uns neben unseren Besuchern wie Bettler fühlten. Der Kumbaro trug nicht nur ein seidenes Hemd sondern auch einen erstklassigen, seidenen Maßanzug, Eftychia ein modisches Kleid im Raubkatzenlook, die einzige Konzession an ihre Herkunft war das deutlich darunter hervorschauende Unterkleid; die beiden Mädchen waren untadelig.

Schwarzen Kaffee trinkend und nichts dazu essend - unsere Gäste lehnten wegen der Fastenzeit Milch und Süßigkeiten dankend ab - erfuhren wir einiges über den Werdegang dieser Familie und ihre gegenwärtigen Verhältnisse. Auch als wir Eftychia vor vielen Jahren kennengelernt hatten, war sie nicht eine von jenen Roma gewesen, die in unvorstellbar primitiven Umständen in

Barackensiedlungen hausen. Sie besaß schon damals eine richtige, gut eingerichtete Wohnung in Athen, trampte aber während der schönen Jahreszeit hausierend durch den Peloponnes. Ebenso hielten es auch ihr Mann und ihre Schwestern. Das Wohlergehen der heißersehnten Tochter zwang die kleine Familie, vollkommen sesshaft zu werden; sie gaben also den fliegenden Handel mit Textilien auf und eröffneten ein Elektrogeschäft in ihrer Nachbarschaft.

Während unseres Gesprächs fiel es mir schwer, meine Augen von Marina abzuwenden. Sie war (fast) vollkommen, nur ein starker schwarzer Schimmer über der Oberlippe und total chaotische Vorderzähne störten das schöne Bild. Ich nahm mir vor, sie später diskret darauf anzusprechen, denn sie hatte von ihrem Traum gesprochen, Sängerin der leichten Muse zu werden. In diesem Beruf ist das Äußere schon der halbe Erfolg. Außerdem konnte ich mir nicht vorstellen, welcher anderen Beschäftigung sie mit ihrer Schulbildung nachgehen konnte.

Denn auf die Frage, ob sie schreiben und lesen könne, antwortet sie ohne Scham: “Nur buchstabierend.”

“Du kannst also nicht schreiben?”

“Doch, meine Unterschrift kann ich ausgezeichnet!”

Wir erklärten der verdutzten Marina, dass das gerade gefährlich sei, sie könne sogar ihr Todesurteil unterzeichnen, wenn sie nicht in der Lage wäre, das Geschriebene zu lesen. Eftychia stimmte zu: “Das passiert mir am laufenden Band. Ich habe erst kürzlich einen Wechsel unterschrieben und habe keine Ahnung, was jetzt auf mich zukommt. Wenn man ein Geschäft hat, muss man täglich etwas unterschreiben, wovon man nicht weiß, was es ist.”

Uns standen die Haare zu Berge. Marina berührte das alles nicht im geringsten. Sie tuschelte mit ihrer Cousine in ihrer Sprache Romani und schien rundum zufrieden mit Gott und der Welt - und keineswegs von des Gedanken Blässe angekränkelt (1). Trotz mangelnder Schulbildung waren Eftychia und ihr Mann in ihrer Wohngegend, in der vornehmlich Roma leben, politisch und sozial engagiert. Eftychia hielt in der Frauenfraktion der örtlichen Volkspartei Reden, um ihre Geschlechtsgenossinnen zur Emanzipation zu animieren.

Um so tiefer fielen wir aus den Wolken, als wir ihre Zukunftspläne für ihre Tochter hörten. Marina sollte nächstes Jahr heiraten!

“Wirklich? Wer ist denn der Auserwählte?”

“Das weiß ich jetzt noch nicht, aber ich werde schon einen für sie finden”, erklärte Eftychia.

“Kann sie ihn denn nicht selber finden?”, fragten wir naiv.

“Wie denn, sie geht ja nicht aus dem Haus!”

“Ja, was macht sie denn den ganzen Tag?”

“Sie hilft mir im Haushalt und trifft sich mit ihren Freundinnen entweder bei uns zu Hause oder bei diesen; ihre einzigen Ausgänge sind Hochzeiten und Taufen. Zu Marinas Hochzeit müsst ihr unbedingt kommen, denn wir feiern zu diesem Anlass drei Tage und Nächte!”

“Und woher wisst ihr, dass Marina nächstes Jahr heiraten wird?”

“Wenn sie bis achtzehn noch nicht vermählt ist, gilt sie bei uns als alte Jungfer und bekommt keinen Mann mehr.”

Ich beschloss, Marina doch nicht auf die Behebung ihrer kleinen Schönheitsfehler anzusprechen. Wozu? Im nächsten Jahr würde sie heiraten, im übernächsten ihr erstes Kind bekommen und dann jedes Jahr wahrscheinlich wieder eines. Ein Heer von - wie ich fürchtete - Analphabeten. Derjenige, der dieses fröhliche, gutherzige Unschuldsgeschöpf unglücklich machen würde, sollte nicht auch noch Top-Ansprüche an ihre Schönheit stellen, die er ohnehin bald ruinieren würde. Wir empfanden eine tiefe Antipathie für ihren Zukünftigen, hofften aber von ganzem Herzen, Unrecht zu haben.

Ihre Hochzeit werden wir uns natürlich nicht entgehen lassen, auch wenn uns die dreitägige Feier schon jetzt wie ein unüberwindbarer Berg erscheint. Es wird aber sicher ein Erlebnis sein, um das uns viele beneiden werden und das reichlich Stoff für eine neue Erzählung abgeben wird.

Chaos mit System - nochmals der griechische Straßenverkehr

Die öffentlichen Verkehrsmittel in Athen sind so eine Sache, wenngleich die Auswahl groß ist: Es gibt Busse, Trolleybusse, eine alte U-Bahn und den Stolz der Athener, die Attische Metro (Attiko Metro), ein hochmodernes U-Bahnsystem. An der Attischen Metro wird seit Jahren gebaut; wann jemals das ganze Streckennetz fertig gestellt sein wird, wissen nur die Götter. Jede Art unterirdischer Bauvorhaben in Athen ist nämlich ein langwieriges Unterfangen, weil die Baumaschinen auf Schritt und Tritt auf Altertümer stoßen. Außerdem gibt es - was weniger bekannt ist - ein Netz von kilometerlangen unterirdischen Gängen, vermutlich aus der Zeit der Türkenherrschaft, als die Athener sprichwörtlich in den Untergrund gegangen waren, und auch diese Katakomben gilt es beim U-Bahnbau zu respektieren.

Besonders unterhaltsam ist das Fahren mit der alten U-Bahn. Hat man vor, eine längere Strecke zurückzulegen, tut man gut daran, sich mit ausreichend Kleingeld zu versorgen, da die Bahn von findigen Bettlern und Kleinkaufleuten frequentiert wird. Eine häufige Variante ist die Zigeunerin mit der Halsmanschette, die Geld für den Spitalbesuch braucht; dann gibt es den musikalischen Entertainer, der mit einem um den Hals gehängten Kofferradio sein Geld verdient, ja es kommt sogar vor, dass man von einer russischen Opernsängerin verwöhnt wird. Peinlich sind Bettler, die sich als Serben ausgeben, ein orthodoxes Heiligenbild vorzeigen, sich nach griechischer Art bekreuzigen und so die Herzen der Brüder und Schwestern in Christo erweichen wollen.

Eine weitere Besonderheit Athens sind die Taxis, die zwar den gleichen Bestimmungen unterliegen, wie alle anderen Taxis der Welt, in der Praxis aber eigentlich Sammeltaxis sind. Der Fahrer wird immer wieder anhalten, um noch einen zusätzlichen Fahrgast aufzunehmen, nicht ohne die schon anwesenden nach ihrem

Einverständnis zu fragen. Man hat auf diese Frage mit "ja" zu antworten. Sie ist nur eine Formsache. Der Chauffeur versucht, sich damit rechtlich abzusichern, da sein Verhalten gesetzeswidrig ist. Aus dieser Gepflogenheit resultiert, dass man nur mitgenommen wird, wenn die erwünschte eigene Destination mit derjenigen der schon vorhandenen Fahrgäste übereinstimmt. Die Athener wissen das, werfen sich "todesmutig" zwischen die Fahrspuren und brüllen ihren Richtungswunsch den gelben Autos entgegen, um auf sich aufmerksam zu machen und den Fahrer zur Notbremsung zu zwingen. Uneingeweihten ist diese Verhaltensweise nicht zu empfehlen! Exklusivität bietet dieses recht billige Verkehrsmittel also nicht, dafür aber Unterhaltung. Ohne das eigene Auto zu gefährden, kann man in aller Ruhe eine bisher unbekannte, innovative Fahrkunst erleben und obendrein noch die interessantesten Menschen kennen lernen.

Auch in Athen gibt es einen Winter und gelegentlich Schnee und Matsch auf den Straßen. Um nur ja nicht nass zu werden, sind bei Schlechtwetter auch jene Autofahrer unterwegs, die sonst nie fahren. Ihrer Unerfahrenheit voll bewusst, fahren sie fast im Schritttempo und stören sich nicht daran, selbst von Fußgängern überholt zu werden. Man muss damit rechnen, an solchen Tagen mindestens dreimal so lange für eine Strecke zu brauchen. Aber keine Panik! Es geht ja allen so und niemand kann pünktlich sein.

Gelassenheit empfiehlt sich auch bei Unfällen. Wenn Sie zu den Menschen der geduldigen Sorte zählen, holen sie erst einmal die Funkstreife zu Hilfe - die, wenn keine Verletzungen gemeldet werden, bestimmt nicht vor einer geschlagenen Stunde erscheint - und lassen den Schaden aufnehmen - ganz gleich, ob Sie sich im Recht fühlen oder nicht. Auch Ihr Unfallgegner wird meistens von seinem Recht überzeugt sein, und zudem zweifeln Versicherungsgesellschaften gerne die Schäden an - in der Hoffnung, dass der Kläger keine Geduld mitbringt und nicht vor Gericht zieht. (Der erste Gerichtstermin wird garantiert nicht vor Ablauf eines Jahres anberaumt und dann muss man mit einem

Berufungstermin rechnen; das Urteil und die Vergütung des Schadens lassen danach noch ein bis zwei Jahre auf sich warten). Eine polizeiliche Bestandsaufnahme kann also sehr hilfreich sein. Wenn man selbst das Malheur verursacht hat, ist es durchaus möglich, dass der Gegner seine Forderungen im Nachhinein immer weiter in die Höhe treibt: So hat man ihm nicht nur seinen Wagen beschädigt, nein, die zerbrochene Windschutzscheibe hat ihm auch die Hose zerfetzt, vom Aufprall wurde seine Brille verbogen usw. - seiner Phantasie sind keine Grenzen gesetzt.

Doch der Grieche lässt mit sich reden, denn er ist weltoffen und neugierig! Hierzu eine kleine Geschichte, die meinem Mann und mir tatsächlich passiert ist:

Wir fuhren auf einer schmalen Nebenstrasse durch eine ländliche Vorortgegend Athens. Vor uns tuckerte ein motorisierter Pflug, hinter uns ein riesiger Lastwagen. An einer Kreuzung wollte das landwirtschaftliche Fahrzeug in eine Hauptstraße einbiegen, doch allem Anschein nach überlegte es sich dessen Lenker nochmals und stieß urplötzlich zurück. Unsagbare Panik ergriff uns, als die riesige Schaufel des Pfluges immer näher auf uns zukam, die Kühlerhaube unseres armen Autos aufriss und sich anschickte, die Windschutzscheibe zu durchbrechen. Endlich hörte der Bauer unser verzweifeltes Hupen und die Zurufe der Passanten. Der absolute Clou kam aber erst: Er sprang fuchsteufelswild von seinem Trumm und beschuldigte uns, ihm aufgefahren zu sein. Obwohl jede Menge Augenzeugen anwesend waren, blieb er standhaft bei seiner Meinung und vertrat sie auch noch, als die Funkstreife eintraf. Erst als wir seine Sehfähigkeit hinterfragten und mit einem augenärztlichen Gutachten drohten, beeilte er sich, die Sache gütlich beizulegen. Es stellte sich nämlich heraus, dass der Bauer tatsächlich halb blind war! Nachdem er aber erfahren hatte, dass mein Mann Augenarzt war, schickte er sich an, ein paar Tage später unsere Praxis aufzusuchen. Er ließ sich schließlich von seinem Unfallgegner sogar operieren und wurde ein treuer Freund der Familie. Da es sich um einen Weinbauern handelt, brauchen wir uns seither um unser Weindepot keine Sorgen mehr zu machen!

Akropolis

Oft sieht man ihn vom Flugzeug schon,
beim Landeanflug auf Athen:
Athenes Tempel Parthenon
auf seinem heil'gen Felsen steh'n.

Die Säulen edel, dorisch, mächtig,
scheinen von weitem filigran,
der weiße Marmor schimmert prächtig,
wo westliche Kultur begann.

Akropolis - Stadt an der Spitze -
voll Ehrfurcht durch die Propyläen
schlepp ich mich in der Mittagshitze,
um deine Bauten anzusehen.

Gleich beim Eingang, rechts am Hügel,
der Nike-Tempel schön und klein;
der Siegesgöttin ohne Flügel
geweiht soll er gewesen sein.

Die Dame war recht unverlässlich,
und weil die Hauptstadt stets umstritten
haben die Bürger, ach wie grässlich,
ihr die Schwingen abgeschnitten.

Wer nach links sich wenden will,
sieht's Erechtheion - gut erhalten -,
mit Säulen im ionischen Stil,
und lieblich-weiblichen Gestalten.

Die Karyatiden, ohne Klage
tragen des Erkers Dach aus Stein,
in ihren Augen brennt die Frage:
Wo mag wohl uns're Schwester sein?

Hat ein Gauner sie gestohlen,
trug sie bei Nacht und Nebel fort?
War es ein Dieb auf leisen Sohlen?
Mitnichten - nein, es war ein Lord!

Auch er fand eure Schwester schön,
und packt' sie ein ganz ungeniert,
- "Die könnte doch in London stehn!" -
und hat sie gleich dorthin entführt.

Vis a vis, am Parthenon
hat man auch vieles abmontiert,
was seit zweihundert Jahren schon
leider nur Museen ziert.

Nun fragt der Fremde sich mit Recht
ob der Besuch sich noch rentiert;
steht's um das Denkmal denn so schlecht,
dass er hier seine Zeit verliert?
Sieh, lieber Gast, dich bitte um:
Die Säulen baden weiß im Licht;
es gibt wohl für ein Heiligtum
ein schön'res Erdenfleckchen nicht.

Wie Sokrates siehst du noch jetzt
weit hin bis zu dem blauen Meere,
den Dampfer, der zur Fahrt ansetzt,
denk dir mit Rudern als Triere. (1)

Über die grobbehau'ne Mauer
streicht voll Andacht deine Hand,
wo vor Äonen der Erbauer -
Perikles - ganz sicher stand.

Bist auf dem Felsen du allein,
kannst du hier mitten in Athen,

auf einer Ruheinsel sein,
philosophierend in dich gehn.

Geh rüber auch zum Areopag, (2)
wo Paulus sprach von Sohn und Vater,
und beschließe deinen Tag
stilvoll im Amphitheater.

Der eigene Wein

Der Sommeraufenthalt war gut überstanden, das heißt ohne Krankheiten, Unfälle und Verletzungen und wie an den Kleidern ersichtlich, waren beide Kinder wieder ein ordentliches Stück gewachsen. Das brachte den unschätzbaren Vorteil, dass wir alles, was zu klein geworden war, an Ort und Stelle hergeben konnten und nicht wieder mit nach Hause transportieren mussten. Da beide im Sommer Geburtstag feiern, war nämlich die Spielzeugmenge enorm angewachsen und jeder Kubikzentimeter Stauraum in unserem Auto wertvoll.

Um ganz sicher zu sein, dass alles seinen Platz findet, begannen wir schon zwei Tage vor unserer Abfahrt mit dem Packen und Beladen des Wagens. Es gelang uns tatsächlich, alles vorschriftsmäßig unterzubringen. Allerdings hätte uns eine zusätzliche Stecknadel schon in Verlegenheit gebracht. Auf meinen schüchternen Vorschlag, doch etwas auf das Dach zu packen, erklärte mir das Familienoberhaupt streng: “Das zerstört die ganze Aerodynamik der Karosserie und ist somit unsicher. Hätte der Designer gewollt, dass wir mit Wolkenkratzern durch die Gegend reisen, so hätte er fahrende Türme konstruiert.”

Dieser Logik konnte ich mich natürlich nicht verschließen.

Wir waren fertig mit dem Packen, also konnten wir in Ruhe auf dem Balkon unseren wohlverdienten Kaffee genießen. Doch kaum hatten wir unsere Tassen das erste Mal zum Mund geführt, sahen wir einen Kleinlastwagen in unseren Hof einfahren. Auf der Ladefläche stand ein mittelgroßes Weinfass. “Hallo Doktor”, rief der Besucher zu meinem Mann herauf, “schau was ich dir mitgebracht habe!”

Trotz eines strahlend blauen Sommerhimmels gelang es uns, aus allen Wolken zu fallen. Wir hatten vor einigen Tagen den unverzeihlichen Fehler gemacht, diesem Herrn von unserem neuen Haus, das auch über einen Weinkeller verfügt, zu erzählen. Ein solcher Weinkeller ist für alle Ärzte eine absolute Notwendigkeit, da sie völlig unverschuldet ununterbrochen wein-geistreiche Geschenke bekommen. Uns hatte natürlich nur ein Flaschenkeller vorgeschwebt.

Das Ungeschickte an der Situation war, dass der Schenker - wie es ja fast immer der Fall ist - mehr Freude mit dem Geschenk hatte, als der Beschenkte. Es war für uns somit unmöglich, sich mit irgendeiner phantasievollen Ausrede zu retten. Also baten wir den freudestrahlenden Fassbinder an unseren Kaffeetisch, mit dem schlauen Hintergedanke, dass er bei seinem nächsten Besuch in Athen vielleicht das Fass mitbringen könnte?

Nein, denn er würde vor dem Winter gar nicht kommen, bis dahin müssten wir den Wein schon längst eingelagert, wenn nicht sogar schon einen guten Teil davon getrunken haben. Wir wagten natürlich nicht, ihm zu gestehen, dass sich unser jährlicher Weinkonsum auf höchstens einen halben Liter beläuft.

Wahrscheinlich säßen wir noch immer auf dem Balkon und tränken Kaffee, wenn unser Gönner nicht streng mit uns verfahren wäre. Da er merkte, dass er es mit zwei offensichtlich begriffsstutzigen Stadtidioten zu tun hatte, ordnete er an, dass wir uns schleunigst auf den Weg machen sollten, bevor die Geschäfte schlossen, um einen Dachgepäckträger für unseren Wagen zu kaufen. Ich murmelte schüchtern etwas von Aerodynamik, aber beide Männer würdigten mich nur eines vernichtenden Blickes: Weiber!

Es wurde also ein Dachtgepäckträger besorgt und mit Hilfe unseres Böttchers auf dem Wagen befestigt. Unter einem Hagel von Flüchen, die hier besser nicht wiedergegeben werden, wurde das Fass hinaufgehieft und mit schwer dehnbaren Elastikseilen und Haken befestigt. Das Auto war nun so hoch wie lang und hatte die Aerodynamik eines Felsbrockens. Den Rückspiegel auf der Beifahrerseite verdrehten wir so, dass ich während der Fahrt das Fass und dessen Befestigung beobachten konnte. Ich musste zum Glück ja nicht lenken.

Der Vorteil eines überladenen Fahrzeugs ist, dass auch der

schnittigste Chauffeur nicht rasen kann. So bummelten wir gemütlich nach Athen und nörgelten auch nicht wie sonst über die anderen Fahrer, die mit chaotisch überladenen Autos unterwegs waren.

Es war schon dunkel, als wir in unsere Garageneinfahrt einbogen. Dass wir dabei mit unserem Fass die Rosenhecke herunterrissen, die sich in einem romantischen Bogen darüberspannte, war nicht so gut. Der Schaden konnte aber schnell wieder behoben werden. Schwieriger war es schon, das Fass vom Auto zu montieren und - während uns die Kinder zwischen den Beinen umherliefen - ins Haus zu rollen. Wie transportiert man überhaupt ein Fass über eine enge und steile Stiege in den Keller? Ganz einfach: Fluchend!

Eingeweihten ist bekannt, dass Fässer rund sind und deshalb auf einem besonderen Gestell gelagert werden müssen. Wir aber hatten uns in unserer Naivität vorgestellt, dass man das Fass auf einen seiner Böden stellen könnte. Beim näheren Augenschein erschien das aber nicht ratsam. Das hölzerne Trumm hatte auf seinem Äquator nämlich eine größere Öffnung zum Füllen und an einem der beiden Pole einen Hahn zum Entleeren. Es musste also eine geeignete Basis besorgt werden. Ein befreundeter Schreiner übernahm boshaft lächelnd diesen Auftrag; vermutlich hatte er schon öfters mit laienhaften Weinproduzenten zu tun gehabt.

September ist der Weinmonat. Es war nun also auch für uns höchste Zeit zu überlegen, wie und womit wir unser Fass füllen wollten. Viele rieten uns, einfach fertigen Wein zu kaufen und hineinzuschütten. Nach dem erfolgreichen Fasstransport fanden wir das weit unter unserer Würde. Also musste Most her.

Etwa 40 km von unserem Heim befindet sich der Weinort Markopoulo. Ein Katzensprung, wenn man bedenkt, dass das Fass schon mehr als 100 km gereist war.

An einem heißen Septembersamstag packten wir wieder Kind und Kegel ins Auto, um diese Kleinigkeit, den Kauf des Mostes, zu erledigen. Uns hatte vorgeschwebt, dass wir den Most einfach in das Fass füllen würden und dann brauchten wir nur noch zu warten, dass dieser gärt und zu einem herrlichen, natürlichen

Wein wird. Leider hatten wir uns noch keine Gedanken gemacht, wie wir den Traubensaft die 40 km von Markopoulo nach Athen bringen sollten. Diese Erleuchtung kam uns erst, als uns der Weinbauer hämisch fragte, ob er uns den Most lieber in den Kofferraum oder in den Kühler gießen sollte. Zum Glück ist man in diesem Weinstädtchen an Idioten wie uns gewöhnt und auf alles vorbereitet. In nächster Nähe konnten wir einen riesigen Plastikkanister erstehen, der unseren Kofferraum voll ausfüllte. Also, wieder zurück zum Weinhändler, das Auto auf die Brückenwaage und hinein mit dem Most. Stolz und freudig machten wir uns auf den Weg nach Hause. Unterwegs kamen die ersten Zweifel: Der volle Kanister konnte auf keinen Fall aus dem Wagen gehoben werden. Wie sollte der Most in den Keller kommen?

Es musste also eine Pumpe her. Wo kann man am Samstagnachmittag eine Pumpe kaufen? Wir hatten Glück. Auf halbem Weg fanden wir einen offenen Supermarkt, der auch kleine Pumpen verkaufte. Die Kaufleute der Gegend hatten offenbar nicht selten mit Amateurönologen zu tun. Auf der Heimfahrt las ich aufmerksam mal laut und mal leise die Gebrauchsanweisung für dieses Gerät. Das ist immer ein nutzloses Unterfangen, weil Gebrauchsanweisungen in allen Ländern und Sprachen immer so abgefasst sind, dass man sie erst versteht, wenn man das Gerät schon ruiniert hat.

Bei der Einfahrt in den Hof unseres Hauses rissen wir diesmal nicht die Rosenhecke herunter, sondern kratzten gefährlich die Bodenplatte unseres Wagens an, weil das Auto so schwer war.

Wir hatten nun einen Riesenkanister Wein, ein Fass und eine Pumpe. Jetzt musste nur noch ein Schlauch her, um die Pumpe mit dem Fass in Verbindung zu bringen. Also wurde kurzentschlossen mein neuer Gartenschlauch zerstückelt.

Weise sah ich voraus, dass die folgende Beschäftigung feucht und klebrig sein würde und schickte mich an, mich umzuziehen, worauf ich sofort beschuldigt wurde, mich von der bevorstehenden schwierigen Arbeit drücken zu wollen. Also gab ich klein bei und begann gleich mit der Vorbereitung des Fasses, wie es viele

“Sachverständige”, die wir zuvor befragt hatten, empfohlen hatten.

Habe man ein neues Fass, so hatten sie uns erklärt, müsse man es zuallererst mit kochendem Salzwasser ausspülen. Unsere Küche liegt zwei Stockwerke über dem Keller. Ich stellte also meine größten Kochtöpfe mit Salzwasser auf den Herd und brachte es zum Kochen. Dann raste ich - unter den Anfeuerungen meines Gemahls, der befürchtete, dass das Wasser unterwegs auskühlen könnte - mit jeweils einem Topf in den Keller, um das Fass zu füllen. Nachdem ich ungefähr zwanzigmal die beiden Stockwerke hinauf- und hinuntergelaufen war, befanden wir, dass es unmöglich sei, 140 Liter kochendes Wasser in das Fass zu bekommen. Wir drehten das Holzgefäß also nach allen Richtungen, in der Hoffnung, es tunlichst überall zu benetzen. Danach war es schon fast ein Kinderspiel, den salzigen Inhalt wieder aus dem schweren Behälter mittels Kippen auszuleeren.

Der nächste Programmpunkt war weniger anstrengend, aber unvergleichlich kostspieliger. Das Fass sollte nun mit Cognac ausgespült werden. Dieser feinste aller Brände befand sich praktischerweise in unserem Weinkeller. Nachdem wir zehn Flaschen geopfert hatten, stimmten wir darin überein, dass es nun reichen müsse. Auch der - nunmehr salzige - Cognac fand seinen Weg in den Kanal. Es ist anzunehmen, dass etliche Kanalratten, die vom Salzwasser ja schon sehr durstig waren, an Delirium Tremens zugrunde gingen.

Jetzt aber kam die Stunde der Wahrheit: Der Most musste in das Fass.

Die funkelnagelneue Pumpe wurde ausgepackt. Sie hatte an beiden Enden eine Öffnung. Von der Gebrauchsanweisung hatte ich nicht viel verstanden, lediglich, dass das Gerät, sollte der Schlauch falsch angeschlossen worden sein, nach einminütiger Laufdauer seinen Geist unwiederbringlich aufgeben würde. Auch hatte ich, durch die mehrmalige Lektüre der Beschreibung eine gewisse Vorstellung, an welcher Seite der Pumpe der Schlauch befestigt werden sollte und so wagte ich zu protestieren, als mein Mann, der - wie alle Männer - natürlich ein technisches

Genie ist, sich anschickte, die Verbindung an der falschen Seite anzubringen.

Jeder Mensch unseres Jahrhunderts wird mir zustimmen, dass meine Proteste ein unerhörtes und auch sinnloses Unterfangen waren. Obwohl sich der Schlauch standhaft weigerte, auch nur ein Tröpfchen Most zu transportieren und die verzweifelte Pumpe heißzulaufen begann, konnte meine "Krone der Schöpfung" nicht zugeben, dass ihr hier ein Fehler unterlaufen war. Erst als ich listvoll bemerkte, dass erstens die Beschreibung unklar sei und zweitens die Pumpe falsch beschriftet, konnte er sich herbeilassen, den Anschluss zu wechseln - was auch sofort vom Erfolg gekrönt wurde: Der Most konnte endlich unser Auto verlassen und durch die Pumpe und den Schlauch durch das Kellerfenster in das Fass gelangen. Natürlich war die Verbindung nicht überall dicht und in Kürze entstand eine klebrige Moststrasse, an der sich Fliegen und Wespen erfreuten. Es ist überflüssig zu sagen, dass auch wir von Kopf bis Fuß klebten, sehr zum Vergnügen der erwähnten Fluginsekten.

Der erste Teil der Kom-Trag-ödie ging seinem Ende zu. Das war gut so, denn es war mittlerweile später Abend geworden und unsere hungrigen Kinder drohten uns mit Kannibalismus. Es musste ja nur noch der Kanister aus dem Auto gehoben und außen und innen gewaschen werden, weiters die Hinterseite unseres Gefährts, der Vorhof zu unserem Haus, das untere Erdgeschoss, die Kellerstiege, der Keller, das Kellerfenster, die Stiege zum ersten Stock und die Küche unseres Heims feucht gewischt sowie die Pumpe gereinigt und versorgt und schließlich unsere verklebten Kleidungsstücke eingeweicht werden. Das beanspruchte zwar nur noch zwei anstrengende Stunden, aber auch die sanftesten Kinder (die die unsrigen nicht sind) wären unangenehm geworden, hätte man ihre Nahrungsaufnahme so lange hinausgezögert.

Wir hatten immerhin das Gefühl, etwas Großes geleistet zu haben, und freuten uns auf unseren eigenen Wein. Nicht, dass wir so versessen darauf gewesen wären, ihn zu trinken - wie schon angedeutet, sind uns Trauben und Traubensaft lieber - aber wir malten uns in den schillerndsten Farben aus, wie wir unseren Gästen den goldenen Tropfen in einer kristallenen Karaffe präsentieren wollten. Ganz klar, dass jedermann begeistert sein würde, da unser Wein ja ein reines, unverfälschtes Naturprodukt war.

Zwei Wochen später hatten wir bei einem Kellerbesuch den Eindruck, dass die Gärung im Fass schon begonnen hatte. In meiner weinseligen Heimat hatte ich beim Besuch richtiger Weinkeller immer gehört, dass man einen Keller, in dem sich gärender Most befinde, mit einer brennenden Kerze betreten müsse, da man nur am Verlöschen derselben erkennen könne, ob noch genug Sauerstoff im Raum sei. Der Gedanke erschien uns immer ein bisschen gruselig; was sollte man tun, wenn die Kerze tatsächlich verlöschte? Hatte man noch Zeit, den Ort zu verlassen oder sollte man sich bekreuzigen und in sein Schicksal ergeben? Da ich nie im Herbst von erstickten Weinbauern gelesen hatte, nahm ich an, dass die erste Verhaltensversion die richtige war. Wenn aber zuletzt der ganze Sauerstoff im Keller aufgebraucht sein sollte, wie konnte man diesen dann noch betreten, wie kam der Wein dann jemals wieder aus seinem Fass? Glücklicherweise tat uns unser einsames kleines Fass in unserem großen Keller nichts dergleichen an. Das Sauerstoffproblem war das einzige Problem, das sich uns nicht stellte.

Der Herbst zog ins Land und unser Fassbinder brauchte ein neues Brillenrezept. Stolz berichtete ihm mein Mann, dass wir Fass und Most fachgerecht installiert hatten und die Gärung munter fortschreite. Der gute Mann war mit unserer Leistung recht zufrieden, wies uns aber darauf hin, dass wir die Angelegenheit nicht einfach sich selbst überlassen dürften; von nun an sei es Zeit, jede zweite Woche ein Fläschchen mit einer bestimmten Flüssigkeit in den gärenden Most zu schütten. Dieses Präparat, von dem keiner genau sagen konnte, was es enthalte, könne man nur im Önologischen Institut in der Innenstadt erwerben. Wer den Athener Innenstadtverkehr kennt, kann sich die Begeisterung meines Mannes vorstellen. Zu einer normalen Tageszeit einen Parkplatz im Zentrum zu finden, ist ein Ding der Unmöglichkeit. Also fuhr mein armer Lebens- und Leidensgespons jeden zweiten

Montag um sechs Uhr früh in die Innenstadt, um ein lächerlich kleines Fläschchen "Irgendwas" zu erstehen, welches wir dann mit gemischten Gefühlen unserem Most zufügten. Niemand konnte oder wollte uns darüber aufklären, ob es sich hierbei um eine heimtückische Chemikalie oder ein harmloses Enzym handelte; wir nahmen an, dass es lediglich ein Konservierungsmittel war. Es lag auch gar nicht in unserem Sinn, viel darüber zu sprechen, da wir ja reinen, unverfälschten Wein anbieten wollten.

Wir waren angewiesen worden, diese Prozedur bis zum Winter durchzuführen. Mit fortschreitendem Herbst wurde unser Eifer natürlich immer geringer, es war auch bei kühlem und regnerischem Wetter nicht besonders lustig, im Morgengrauen in die Stadt zu fahren. Ob es diese Nachlässigkeit war, die schließlich - aber ich will nicht vorweggreifen.

Gegen Weihnachten musste der Wein fertig sein. Um ganz sicher zu gehen, warteten wir aber auf einen etwas späteren, nicht weniger festlichen Termin, zu dem auch wesentlich mehr Gäste zu erwarten waren, nämlich zu Johannes, dem Namenstag meines Mannes, Anfang Januar.

Um keine unliebsamen Überraschungen zu erleben, gingen wir beide ein paar Tage vorher ganz privat mit dem nötigen Gerät in den Keller und entnahmen der Kanüle ein Gläschen unseres eigenen Weines. Er war klar und goldgelb, genauso wie wir es uns erträumt hatten. Auch Duft und Geschmack schienen uns ausgezeichnet - soweit wir uns eine Meinung anmaßen durften. Es wurde somit beschlossen, es zu wagen und das Meisterwerk am Johannestag der Öffentlichkeit zu präsentieren.

Als vorsorgliche Gastgeber wollten wir - Gott sei Dank - alles rechtzeitig vorbereitet haben. Da unser Keller ja kein wirklicher Weinkeller ist, musste unser Produkt vor dem Servieren einige Zeit in den Kühlschrank. Feierlich begaben wir uns also mit unserer schönsten handgeschliffenen Kristallkaraffe in die Tiefe unseres Hauses und zapften stolz das goldgelbe Ergebnis vieler Mühen und Kosten aus dem Fass. Für die unverbesserlichen Chemiefanatiker kühlten wir auch ein paar Flaschen ausländischen Weines.

Etwa eine Stunde vor der Ankunft unserer Gäste musste

die Karaffe wegen Platzmangels aus ihrer kühlen, dunklen Aufbewahrungsstätte. Auch hatten wir einmal gehört, dass der Wein “atmen” solle, bevor er getrunken wird.

Jedesmal, wenn ich nun an der Karaffe vorbeiging, kam mir ihr Inhalt etwas dunkler vor. Anfangs zweifelte ich an der Beleuchtung und befürchtete einen schleichenden Stromausfall - ein Malheur, das gerne passiert, wenn Gäste zu erwarten sind. Leider war das nicht der Fall; unser langersehnter Wein oxidierte nämlich wie verrückt und als unsere Freunde eintrafen, waren wir uns einig, dass wir die dunkelgraue Brühe auf keinen Fall anbieten dürften, wenn wir nicht bis an unser Lebensende geneckt werden wollten.

Wie gut, dass wir einige Flaschen gekauften Wein im Kühlschrank hatten!

Mittlerweile sind etliche Jahre ins Land gezogen und das Fass ziert noch immer unseren Keller. Was aus seinem Inhalt geworden ist, weiß niemand. Keiner von uns hat seit jenem Abend gewagt, es anzuzapfen oder zu entleeren. Fragt ein Besucher unseres Weinkellers, ob wir denn auch Wein im Fass hätten, antworten wir mit einem trockenen “Ja”. Der kluge Gast versteht dann, dass hiermit das Thema abgeschlossen ist. Das Innere unseres Fasses ist für uns genauso geheimnisumwittert wie das Weltall. Wir finden das romantisch.

Winterträume

Der Himmel ist bleiern, die Bäume sind kahl,
nur Raben krächzen seit vielen Wochen,
vom endlosen Winter die Wangen fahl,
der Rheumatismus verbiegt die Knochen.

Zwei Flugstunden weit, in Richtung Süden,
blühen schon lieblich die Mandelbäume,
die matten Gemüter, die kalten, müden,
erfrischen jetzt nur noch Ferienträume.

Voll Sehnsucht wandern uns're Gedanken
auf steinigen Hügeln im Thymianduft,
um die sich Legenden von Göttern ranken,
des Sommers Ahnung liegt in der Luft.

Im Hafen ein Kirchlein in weiß und blau,
die Füße umspült das lauwarme Meer,
das macht uns vergessen das ewige Grau,
und den Wintermantel, so tonnenschwer.

Ein Gläschen Wein in der Taverne,
griechischer Lieder fröhliche Klänge,
rücken den Alltag in weite Ferne,
und lästiger Pflichten drückende Strenge.

Drum plane beizeiten, verträume es nicht!
Im alten Hellas, dem sonnigen, warmen,
erwartet dich außer des Südens Licht,
ein freundliches Volk mit offenen Armen!

Anmerkungen

Parthenon

(1) *Akropolis*: wörtlich "Stadt an der Spitze"

(2) Für alle, die kein Geschichtsbuch griffbereit haben, zur Erinnerung: *Perikles*: Athener Staatsmann und Bauherr vieler Bauten auf der Akropolis ; *Phidias*, der wohl bekannteste Bildhauer, der beim Bau der Akropolis mitwirkte.

(3) *Parthenon*: Der Name leitet sich dementsprechend von Parthena, die Jungfräuliche ab, einer Bezeichnung für die Göttin Pallas Athene.

(4) *Istanbul* ist kein türkisches Wort; es ist eine türkische Verbalhornung der griechischen Wörter "eis tin poli" d.h. "in der Stadt", denn wenn die Griechen von Konstantinopel (Konstantinsstadt) sprechen, sagen sie nur "die Stadt". Sie sind heimlich davon überzeugt, dass sie irgendwann "ihre Stadt" wieder zurückgewinnen würden und sagen: "Unter einem Konstantin ging die Stadt verloren, ein Konstantin wird sie wiedergewinnen."

(5) *Dilettanti*: Aus dem Italienischen, ursprünglich mit positiver Bedeutung; Leute, die Kunst oder Wissenschaft nicht berufsmäßig betrieben.

(6) *Karyatiden:* Das Wort geht auf den Ort Karyai in Lakonien (Peleponnes) zurück, deren Mädchen angeblich Landesverrat begangen haben und deshalb zur Strafe als Sklavinnen zum Tragen von Dachgebälk verurteilt worden waren. Ein anderer Name ist Kanephoren = Korbträgerinnen, wegen der korbartigen Verzierung auf den Köpfen der Trägerinnen. Karyatiden gab bzw. gibt es nicht nur auf der Akropolis sondern an vielen antiken aber auch neueren Bauwerken.

(7) *Erechtheion:* Tempel des sagenhaften Königs Erechtheus; erbaut um 408 v.Chr. im attisch-ionischen Stil.

(8) *Elgin-Marbles*: In Fachkreisen durchaus gebräuchlicher Ausdruck für die Reliefs, die nach England entwendet wurden.

(9) *Melina Merkouri* (auch *Mercouri* geschrieben), lebte von 1920 bis 1994; nach anderen Biographien auch von 1925 bis 1994 (zu den Angaben des Geburtsjahrs in Griechenland siehe auch *Noch eine schwierige Hochzeit*, S. 91), populäre Theater- und Filmschauspielerin, bekannt vor allem durch den Film "Sonntags nie" (1962), war griechische Kulturministerin von 1981 bis 1983 und 1993 bis 1994.

Abschied der Götter

(1) Der Apostel Paulus verbrachte seine Jugend in Kleinasien, vorwiegend in Tarsus am Schwarzen Meer. Dort lernte er Griechisch, das damals im östlichen Mittelmeerraum die gleiche Bedeutung hatte wie Englisch in unserer Zeit.

(2) Hier wähnt sich Hera wohl in "guter Gesellschaft", denn dies soll Kaiser Willhelm II gesagt haben, als er abdankte.

Odysee 2000

(1) Der auf den ersten Blick recht sympathische Odysseus war - gemessen an unserer neuzeitlichen Empfindlichkeit - nicht nur grob, sondern sogar ein ausgesprochener Gewalttäter. Er hat sich nicht nur gescheut, alle möglichen Gegenspieler zu massakrieren, nein, er hat sogar einen Kindermord (den Enkel des Trojanischen Königs) auf dem Gewissen! Wenn *ich* mir eine Gewalttätigkeit geleistet hätte, wäre das eventuell das Umschmeißen eines Schreibtisches gewesen. Diese Vision hat mich bei meinen Irrfahrten durch die Bürokratie immer getröstet.

(2) Die Einwanderung ausländischer Arbeitssuchender hatte in den 70er Jahren mit philippinischen Krankenschwestern begonnen. Sie kamen mit einwandfreien Papieren und arbeiteten ganz offiziell in Krankenhäusern. Der gute Ruf dieser erstklassigen Arbeitskräfte führte dazu, dass nach und nach von griechischen Familien Philippininnen zur privaten Kranken- und Altenpflege ins Land gebracht wurden. Auch diese zweite Einwanderungsgruppe verfügte über Papiere und Studienzertifikate von philippinischen Krankenhäusern, allerdings hauptsächlich fiktive. Nach Ablauf der vierjährigen Aufenthalts- und Arbeitserlaubnis wurde keine Verlängerung mehr gewährt, denn diese Philippininnen hatten nach und nach sämtliche Familienmitglieder nachkommen lassen.

Sollten ihre Arbeitgeber ihre inzwischen vertrauten und geschätzten Arbeitskräfte einfach in ihr Land zurückschicken, wo diese vermutlich keine Arbeit gefunden hätten? Natürlich nicht. Diejenigen, die es aber nicht wagten, ihre Ausländerin weiter zu beschäftigen, reichten sie weiter wie eine heiße Kartoffel.

Mittlerweile kamen auch noch Wirtschaftsflüchtlinge aus anderen asiatischen und aus afrikanischen Ländern dazu, die Männer unter ihnen vor allem als Seeleute.

Die Öffnung des Ostblocks und die Demokratisierung in Albanien vergrößerte das Problem noch erheblich.

Trotzdem wäre eine Ausweisung dieser Arbeitskräfte undenkbar, da sie für Arbeiten eingesetzt werden, für die sich kaum noch ein/e Grieche/in bereitfinden würde.

(3) Die Odyssee durch die athener Amtsstuben wurde Ende 2001 verfasst. Wir können dem Leser versichern, dass sie in den darauffolgenden Jahren eine würdige Fortsetzung erfuhr!

Chronía Pollá - Das griechische Jahr II

(1) *Griechische Tannen* sind - gerade wegen ihres langsamen Wachstums - besonders schön und dicht und kommen auch in den Verkauf. Als halbwegs umweltbewusster Käufer hat man aber Hemmungen, diese zu erwerben, da es keine Christ-

baumpflanzungen gibt und zu vermuten ist, dass die Bäume ohne Wiederaufforstung geschlagen werden.

(2) *Réveillon*, französisch: Nachtschmaus (besonders in der Weihnachts- und Silvesternacht)

(3) Die Wichtigkeit einer Namenstagsfeier richtet sich nach der Bedeutung des jeweiligen Heiligen bzw. des jeweiligen Tages: Der *Hl. Vassili* heißt bei uns Basilius. Er war Grieche, lebte im 4. Jahrhundert und gründete in Kleinasien einen Mönchsorden, auf dessen Regeln sich noch heute die orthodoxen Mönche berufen. Sein Namenstag ist im orthodoxen Kalender der 1. Januar, im römisch-katholischen der 2. Januar. Beim *Hl. Johannes* handelt es sich um Johannes den Täufer, dessen Tag die orthodoxe Kirche am 7. Januar feiert. An diesem Tag soll eine Reliquie des Heiligen (eine Hand) nach Konstantinopel gebracht worden sein. Die Hand wird übrigens heute im Kloster auf dem Berg Athos aufbewahrt.

Es gibt natürlich auch das jeweilige weibliche Namenspendant, Johanna und Vassiliki, aber diese Heiligen sind in Griechenland nicht sonderlich populär. Dagegen werden Vornamen wie Maria, Despina (Herrin, also ebenfalls Muttergottes) oder Helene ganz groß gefeiert.

(4) Man schickt auch bei Männernamenstagen Blumen - vor allem, wenn man vor hat, zur abendlichen großen Feier zu erscheinen. Die Blumen sind dann aber eher für die Dame des Hauses bestimmt, die ja die ganze Arbeit mit dem Fest hat. Geht man am Nachmittag zur Kaffeestunde gratulieren, bringt man besser ein kleines Geschenk für den Feiernden mit.

Urlaubspläne

(1) Stadtbewohner mieten gerne eine Wohnung oder ein Haus auf dem Land, möbliert oder leer, mit Ganzjahresvertrag. Leider statten die wohlmeinenden Vermieter diese Quartiere oft mit

Einrichtungsgegenständen aus, die für eine Ferienwohnung ungeeignet sind. Und weil niemand mit dem nassen Badeanzug auf einem Plüschfauteuil sitzen möchte, schleppen die meisten Mieter ihre ausrangierten Verandamöbel aus der Stadt an. Weiters ist es notwendig, ausreichend Badetücher und Bettwäsche für die ganze Dauer des Aufenthalts mitzubringen, da diese Quartiere meistens über keine Waschmaschine verfügen. Will man im Urlaub fernsehen, muss auch dieses Gerät mitgebracht werden.

Der Schwarze Rabe

(1) *Koráki*, wörtlich Rabe, ist der Spitzname für Leichenbestatter.

(2) Flüchtlinge aus Kleinasien: Griechenland hatte vor dem I. Weltkrieg zugesagt, auf Seiten der Entente am Krieg teilzunehmen. Dafür wurden ihm große Gebiete in der Westtürkei, einige ägäische Inseln und der Anschluss Zyperns versprochen. Die Türken unter Kemal Atatürk waren davon nicht begeistert und es kam zu Ausschreitungen gegen die Griechen Kleinasiens, denen der Einmarsch griechischer Truppen folgte. Die anfangs siegreichen Griechen hatten Nachschubprobleme, die Mitgliedsstaaten der Entente stellten sich taub. Dem militärischen Desaster folgte die Flucht der Zivilbevölkerung, die diese Gebiete seit über 2.500 Jahren bewohnt hatte. Man spricht von 1,5 Millionen Flüchtlingen. Für den griechischen Staat, der damals 5 Millionen Einwohner hatte, war dieser Ansturm mittelloser Einwanderer eine schwere wirtschaftliche Belastung, woraus sich die Ressentiments vieler "etablierter" Griechen gegenüber den Neuankömmlingen erklären.

(3) Das *Mirolói* ist eine Totenklage, die in einem rhythmischen Singsang vorgetragen wird. Der Brauch stammt aus dem Altertum. Dabei werden die Eigenschaften des Verstorbenen gepriesen. Schön? Nein, eher schaurig. Aber tatsächlich so ergreifend, dass einem sogar auf dem Begräbnis eines Finanzministers die Tränen kommen könnten.

Chará

(1) Zur *Kleinasiatischen Katastrophe* siehe die Geschichte "Der schwarze Rabe", Anmerkung (2)

(2) Die frühen Fünfzigerjahre waren in Griechenland Jahre der Landflucht. Ein unpraktisches Erbschaftssystem zerstückelte die Grundbesitze und schuf mittellose Kleinbauernfamilien. Die Männer gingen als Fremdarbeiter ins Ausland, die Frauen und Töchter versuchten es erst einmal in den größeren griechischen Städten. Der große Andrang zwang die arbeitssuchenden Frauen zu äußerster Anspruchslosigkeit. Industrie war kaum vorhanden und die wenigen dort verfügbaren Stellen waren den Männern vorbehalten; Frauen mussten zu Bettellöhnen und oft unter sklavenähnlichen Arbeitsbedingungen in Haushalten unterkommen.

(3) Verhältnisse, wie hier geschildert, sind in Europa inzwischen sicher selten geworden, in den Metropolen der so genannten Dritten Welt aber immer noch gang und gäbe.

(4) Die *Adams Family* aus einer populären amerikanischen Fernsehserie ist eine lustige Gruselfamilie, deren Mitglieder u.a. Monster und Scheintote sind.

Hochzeit in Ano Anogia

(1) Die Silbe *Ano* bedeutet "Ober-". Es gibt also auch einen Ort, der nur Anogia heißt.

(2) Guten Abend.

(3) "Sie wünschen?" Entspricht am Telefon unserem "Hallo!"

(4) In kleinen, nicht-touristischen Orten findet man eher Deutsch als Englisch sprechende Einheimische.

Noch eine schwierige Hochzeit

(1) Es gibt in Griechenland neuerdings auch einen Zivildienst. Allerdings wird dem Anwärter die Sache unerhört erschwert. Es ist kaum anzunehmen, dass sich jemand findet, der, wenn er nicht religiöse Gründe hat (z.B. Zeugen Jehovas) , freiwillig alle vorgesehenen Schikanen für die Anerkennung als Kriegsdienstverweigerer auf sich nimmt.

(2) Vorfälle wie der geschilderte sind keine Ausnahme. Ein Freund des angeführten Paares hatte zwar ein eindeutiges Geburtsdatum, aber er war an zwei verschiedenen Orten zur Welt gekommen. Auch er entdeckte das erst bei seiner Hochzeit im Ausland.

Er gab auf dem Grazer Standesamt wahrheitsgetreu Athen als seinen Geburtsort an. Als er seine Papiere aus Griechenland erhielt, fand er heraus, dass er offiziell auf Chios geboren war. Seine Familie stammte von dieser schönen Insel und es ging einfach nicht an, dass ein Nachkomme - und noch dazu ein männlicher - an einem anderen Ort zur Welt kam.

Diese kleinen "Wahrheitsberichtigungen" liegen Jahrzehnte zurück. Mittlerweile sind derartige Aktionen auch in Griechenland nicht mehr so einfach zu bewerkstelligen.

Trotzdem sind Korrekturen - vor allem des Geburtsdatums - noch recht beliebt. Bei Männern ist das natürlich unmöglich, solange der Militärdienst nicht abgeleistet ist. Bei diesen ist die Nachfrage nach Korrekturen auch nicht so groß. Bei Frauen kommt so etwas schon häufiger vor.

Tränenreicher Hochzeitstag

(1) Der Durchschnittsbürger fühlte sich zunächst durch die Diktatur nicht eingeengt, viele Griechen waren anfangs sogar recht zufrieden mit den "geordneten Verhältnissen" unter den Obristen, denn der politische Alltag vor dem Putsch 1967 war

recht bewegt - eben chaotisch! - gewesen. Weiteres siehe unter Punkt 5, geschichtlicher Hintergrund.

(2) Ein einmonatiges Hochzeitsjubiläum ist auch im feierfreudigen Griechenland keine Selbstverständlichkeit. Weil wir aber vor unserer Heirat nicht in Griechenland gelebt hatten, wollten wir jede Gelegenheit nutzen, Kontakte zu alten und neuen Freunden zu pflegen.

(3) Eine Rauferei, sogar mit der Polizei, ist in Griechenland nicht so dramatisch zu bewerten wie in einem nördlichen Land. Das Temperament kocht hier schnell über und Feinde von heute sind oft Freunde von morgen.

(4) Zur *Medienlandschaft* im Griechenland zur Zeit der Militärdiktatur: Funk und Fernsehen waren gleichgeschaltet; unfolgsame Zeitungen wurden verboten und deren Journalisten inhaftiert. Das Fernsehen hatte gerade erst seinen Weg in die griechischen Wohnungen gefunden, bot mit viel Fußball und populären Serien reichlich Ablenkung vom grauen Alltag. Dafür schluckten die meisten Griechen auch brav die bittere Pille der Nachrichtensendungen, die vom Diktator Papadopoulos und seinen schwülstigen, patriotischen Phrasen in geschraubtem Griechisch dominiert wurden.

Die *Zensur* trieb seltsame Blüten, z.B. bei Illustrierten ausländischer Herkunft. Damals schwamm Deutschland noch auf der Oswald-Kolle-Sexwelle. Schon auf den Titelblättern der Hefte waren die "heißen" Zonen der Covergirls mit Leukoplast verklebt. Und das ging dann innerhalb des Magazins munter so weiter. Was müssen sich die "Zensoren" schiefgelacht haben! Bei den Lesern hatte die Verschleierung der nackten Tatsachen genau den umgekehrten Effekt: Die Klebestreifen wurden vorsichtig abgelöst und mit dem prickelnden Gefühl, eine revolutionäre Heldentat vollbracht zu haben, die tatsächliche oder vermeintliche Nackedei begutachtet.

Dagegen waren die Zensoren bei den Texten hilflos. Erschien irgendwo in einer ausländischen Zeitschrift ein Text mit dem Wort

"Griechenland", so wurde er herausgeschnitten. Zeitschriften wie der Spiegel, die oft politisch brisante Artikel druckten, dafür aber "moralisch einwandfrei" erschienen, wurden paradoxerweise meistens von der Zensur verschont. Scheinbar gab es unter den Zensoren der Obristen keinen, der Deutsch verstand.

(5) Der *geschichtliche Hintergrund*: Der demokratisch gewählte Ministerpräsident *Georgios Papandreou* trat 1965 von seinem Amt zurück, da der König nicht zustimmte, dass er auch die Führung des Verteidigungsministeriums übernahm. Das wäre politisch brisant gewesen, denn der Sohn G. Papandreous, *Andreas Papandreou* (der spätere Ministerpräsident), wurde verdächtigt, in die paramilitärische Verschwörerorganisation ASPIDA verwickelt zu sein. Diesem Rücktritt folgte politisches Chaos, da es nicht möglich war, eine funktionsfähige Regierung zu bilden.

Für die Obristen unter *Georgios Papadopoulos* war es daher ein Leichtes, mit Hilfe der zweiten - ultrarechten - paramilitärischen Organisation IDEA am 21. April 1967 einen unblutigen Putsch durchzuführen und die Macht an sich zu reißen. Der junge, unerfahrene König stimmte zwar der neuen Regierung - wenngleich zähneknirschend - zu, versuchte aber im Dezember 1967 einen Gegenputsch. Nach dessen Misslingen floh der König mit seiner Familie nach Rom.

Im Herbst 1968 veranstaltete die Militärregierung eine "Volksabstimmung" um eine neue Verfassung zu legalisieren. Es gab nur zwei Wahlmöglichkeiten: Ja oder Nein. Das Wahlresultat: fast 92 % Ja. Obwohl jedermann klar war, dass es sich bei dieser Abstimmung um eine Farce handelte, war der Widerstand in der Bevölkerung nur schwach. Außerdem versprachen die Militärs - vor allem Papadopoulos -, dass sie bei erster Gelegenheit die Regierung wieder in die Hände von Zivilisten legen wollten. Tatsächlich besetzte der Diktator sehr bald die meisten Ministerposten mit Zivilisten, aber es handelte sich hier nicht um gewählte Volksvertreter. Außerdem übernahm er sukzessive selbst immer mehr Schlüsselpositionen (Ministerposten), setzte den von ihm ernannten Vizekönig ab, rief die Republik aus und ernannte sich am Ende selbst zum Staatspräsidenten.

1973 betraute er den Politiker *Markezinis* mit der Regierungsbildung. Der bis dahin engste Mitarbeiter des Diktators, Brigadegeneral *Dimitrios Ioannidis*, der sich in der Rolle des unsichtbaren Drahtziehers gefiel, wollte mit den demokratischen Anwandlungen seines Partners nicht mitziehen und stürzte ihn nach den Studentenunruhen des Novembers 1973. Als Strohmann setzte er den gemäßigten General *Gizikis* ein.

Der zypriotische Präsident, *Erzbischof Makarios*, der damals das souveräne Zypern regierte, war von griechischen wie auch türkischen Zyprioten gleichermaßen anerkannt. Die Regierungspositionen auf der Insel waren analog dem ethnischen Bevölkerungsanteil (70 % griechische, 30 % türkische Zyprioten) verteilt. Das Zusammenleben auf der Insel war harmonisch, lediglich von den Garantiestaaten Türkei und Griechenland (Großbritannien war der dritte Garantiestaat) wurde immer wieder versucht, Makarios Autorität zu untergraben, um bei Gelegenheit die ganze Insel an das jeweilige "Mutterland" anzuschließen.

Als in Griechenland die Junta unter dem neuen Diktator die demokratische Maske abgeworfen hatte, entsendete die Türkei Truppen nach Zypern. In Griechenland und der Türkei wurde nun die Generalmobilmachung ausgerufen. Es kam für Griechenland und Griechisch-Zypern zum militärischen Fiasko; die Türken besetzen einen großen Teil Nordzyperns. Makarios floh nach England und war nach seiner Rückkehr nur noch Präsident des griechischen Teiles von Zypern. Die Türkei bezeichnet seither Nordzypern als einen eigenen türkischen Staat. International ist die Teilung Zyperns allerdings nicht anerkannt.

Nach der Katastrophe dankten die Militärs ab und ließen *Konstantin Karamanlis* aus dem Exil zurückkehren, der das Land in demokratische Wahlen führte.

Die Patenschaft

(1) Kinder werden in Griechenland nie als Säuglinge getauft, da der orthodoxe Ritus vorschreibt, den Täufling ganz unter

Wasser zu tauchen. Niemand will ein so kleines Baby dieser Rosskur unterziehen, auch dann nicht, wenn es sich um eine Nottaufe handelt.

(2) Illegale Adoptionen, die fast einem Kinderkauf entsprechen, sind gerade unter Romas häufig. Sehr arme Roma verkaufen ihre Kinder regelrecht an besserverdienende; sie sichern dem Nachwuchs damit eine bessere Zukunft.

(3) Der Vater war vermutlich gerade sesshaft: Die meisten Roma haben - wenn überhaupt - eine sehr mangelhafte Schulbildung. Von Beruf sind sie meistens Gelegenheitsarbeiter (vornehmlich in der Landwirtschaft) oder Kleinkaufleute. Durch ihre Unfähigkeit, sich mit Geschriebenem auseinanderzusetzen, kommen sie dann - oft unverschuldet - mit dem Gesetz in Konflikt. Meistens sind es Probleme mit Schecks und Wechseln, die sie ins Gefängnis bringen. Gemeine Verbrechen sind bei den Roma genauso oft oder selten wie bei allen anderen Griechen.

(4) *Kumbaro*, Mehrzahl *Kumbari*: Ein praktisches Wort für viele Arten künstlicher Verwandtschaft, z.B. Trauzeugen oder - wie hier - Verwandte des Patenkindes.

(5) Zur Dauer einer Predigt: Schon eine ganz gewöhnliche Sonntagsmesse dauert in einer normalen orthodoxen Kirche mindestens zwei Stunden. Ein eifriger Priester kann, wenn er alle Register zieht, die Liturgie bis zu drei Stunden dehnen. Dementsprechend dauert auch ein Segen nie nur wenige Minuten. Alle Andachten können durch Gründlichkeit ausgedehnt werden; die Gläubigen sind oft dankbar für die Sondervorstellung und sagen befriedigt: "Heute hat er *alles* gesagt!"

Filoxenía - Gastfreundschaft

(1) Vor allem im Dekor der griechischen Stadtwohnungen dominiert das Silber. Griechenland ist berühmt für seine Silber-

schmiedekunst; die kunstvoll gehämmerten Vasen, Schalen und Aschenbecher sind übrigens auch beliebte Geschenke oder Souvenirs.

Die Patenschaft - 15 Jahre später

(1) Frei zitiert nach Shakespeare, Hamlet. Mögliche Übersetzung ins Neudeutsch: Keine Flausen im Kopf.

Akropolis

(1) Triere (sprich Tri-ere): Antikes Kriegsschiff mit zu beiden Seiten je 3 Reihen Ruderern.

(2) Areopag heißt die kleine Felserhebung auf halbem Wege zur Akropolis. Sie war im Altertum Ort der Gerichtsbarkeit und Versammlungsplatz der Athener. Vom Areopag predigte der Apostel Paulus den Athenern von Christus. Im heutigen Griechenland spricht man vom Höchsten Gerichtshof als Areopag. Der Titel der dazugehörigen Richter lautet "Areopagitis".

Mehr von Melitta Kessaris

Sie wollten schon immer einmal wissen, was in Homers Ilias steht, doch Sie können kein Altgriechisch und finden die klassischen Übersetzungen zu schwerfällig? Dann lesen Sie doch *Ilias light* von Melitta Kessaris. Hier finden Sie die Geschichte über den Trojanischen Krieg in einer zeitgemäßen und amüsanten Sprache. Ein Muss für alle Fans des alten und neuen Griechenlands! Erschienen 2008 im Larimar-Verlag. ISBN: 978-3-931569-01-3, 300 S., 17,70 Euro

Leseprobe, Beginn des 1. Gesangs

Verehrte Göttin, sei so gut,
erzähl uns von Achilles' Wut,
lasse gemeinsam uns berichten
die fürchterlichen Kampfgeschichten,
die sich in längst vergang'nen Tagen
vor Trojas Feste zugetragen.

Nicht nur Achilles trifft die Schuld,
auch wechselhafte Götterhuld
brachte beider Völker Heere
Krankheit, Tod und Kriegsmisere.
So hat Apoll auch ohne Schlacht
schon viele Griechen umgebracht.

Denn Phöbus bitterbös verteidigt,
Chryses, den Priester, den beleidigt'
Agamemnon von Mykene,
Heeresführer und Hellene,
der nur den eignen Wünschen frönte
und den alten Herrn verhöhnte.

Zum König, der im Schlachtgetümmel
und auch privat als rechter Lümmel
bekannt und vielgefürchtet ist
– ein rücksichtsloser Egoist –,
kam Chryses, Liebling des Apoll,
das Aug' mit bittren Tränen voll:

„Edler König, Atreus' Sohn,
dir, der du zehn Jahre schon
rund um Troja glücklos schleichst,
mit deiner Taktik nichts erreichst,
soll Schlachtenglück beschieden sein,
gibst du zurück mein Töchterlein."

So versucht er, sehr verlegen,
Agamemnon zu bewegen,
seiner Beute zu entsagen.
Doch des Vaters bittend' Klagen
bewirken grad das Gegenteil,
gefährden auch sein eignes Heil!

Blutrot läuft Agamemnon an,
der nie auf was verzichten kann:
„Was glaubst du denn, du alter Blödel!
Ich bin versessen auf das Mädel!
Im Haushalt ist sie sehr geschickt,
im Bett macht sie mich ganz verrückt!"

„Damit's dir leichter, zu entsagen,
bring ich dir Gold und reiche Gaben.
Apollo, der geschickt mit Pfeilen,
wird gerne euch zu Hilfe eilen.
Gibst du zurück die süße Beute,
les ich ihm eine Andacht heute."

Dies ist ein faires Angebot,
das ihm in seiner Vaternot
der alte Chryses unterbreitet
– vergeblich! – denn der Teufel reitet
den König – akzeptiert es nicht
und springt dem Alten ins Gesicht:

„Mit gar nichts kannst du mich verlocken,
drum mach dich schleunigst auf die Socken!
Solltest du noch ein Wörtchen sagen,
dann geht es dir gleich an den Kragen;
und meiner Schiffe Nähe meide,
weil ich das schon gar nicht leide!"

Der Alte senkt beschämt das Haupt,
ein Vater, seines Kinds beraubt.
Wohl ist's dem Priester durchaus klar,
dass damals es so Sitte war,
besiegter Völker Gut zu klauen
und selbstverständlich hübsche Frauen.

Trotzdem er zu Apollo spricht:
„Ich hab in meinem Leben nicht
ein einzig Opfer dir verwehrt,
dich, Phöbus, immer hoch geehrt.
Straf Agamemnon, Atreus' Sohn,
Tod und Seuche sei sein Lohn!"

Von des Olympus' Bergpalast
saust Apoll in grimmer Hast.
Auf's Volk die Seuchenpfeile trafen,
um es für seinen Herrn zu strafen.
Die Griechen, die vor Troja liegen,
sterben kampflos wie die Fliegen ...
